I0221544

Freiherr von Nesselrode

Aktenmäßige Geschichtserzählung

Von allen demjenigen, was seit der Eingabe meiner gedruckten

Verteidigung in meiner unglücklichen Rechtssache vorgefallen ist

Freiherr von Nesselrode

Aktenmäßige Geschichtserzählung

Von allen demjenigen, was seit der Eingabe meiner gedruckten Verteidigung in meiner unglücklichen Rechtssache vorgefallen ist

ISBN/EAN: 9783743679115

Hergestellt in Europa, USA, Kanada, Australien, Japan

Cover: Foto ©ninafisch / pixelio.de

Weitere Bücher finden Sie auf **www.hansebooks.com**

Actenmäßige
Geschichtserzählung

von

allem demjenigen, was seit der Eingabe meiner gedruckten Vertheidigung in meiner unglücklichen Rechtsache vorgefallen ist.

im Merz 1793.

Wenn die Ehre im Spiel ist, so kann das freye Reden niemand verdacht werden, so lang er der Wahrheit getreu bleibt, und das werde ich; die Original-Kanzleyacten sollen mir die Gewehre leisten, diese habe ich vollständig in der Kanzley abschreiben, und von dem Registrator vidimiren lassen. Schon zweimal habe ich den Weg der Publicität betreten, durch meine gedrukte Vertheidigung und in dem 63sten Heft der Schlözerischen Staatsanzeigen Nro. 29: ich werde diesen Weg so lang verfolgen, bis das wahre Licht über meine grausame Geschichte dergestalten verbreitet seyn wird, daß ein jeder die innere und wahre Lage derselben einsehen könne: Ein Beweis, daß ich dies Licht nicht scheue. Ohne mich dermalen mit der sogenannten Beleuchtung meines vorbesagten Aufsatzes in Schlözer aufzuhalten, deren Gegenbeleuch-

A
tung

tung schon längstens bis zum Druck fertig, und
in den wesentlichen Punkten mit Originalbriefe des
Beleuchters bescheinigt ist, welche auch zu seiner
Zeit erscheinen soll, will ich dermalen nur die Fol=
gen meiner gedrukten Vertheidigung anzeigen, auch
warum bei meiner so langen Anwesenheit in Düf=
feldorf seit dem 26. Junii 1792. noch nichts in
der Hauptsache geschehen ist. In vorbemerkten
Schlözerischen Staats=Anzeigen habe ich Bl. 264
gesagt, daß eine Churfürstliche Verordnung nach
Düsseldorf ergangen seyn soll, deren Inhalt mir
unbekannt wäre, diese Verordnung ist vom 18ten
Decemb. 1790. und befielt deutlich

„ Neue Kommissarien in der Sache zu ernen=
„ nen, meine gedrukte Vertheidigung mit den Ac=
„ ten zu vergleichen, und nachzusehen, ob die
„ darin angebrachte Gründe hinreichend wären,
„ die gegen mich erkannte Specialuntersuchung zu
„ hintertreiben.„

Hierauf wurde von dem Churfürstlichen Gülich=
und Bergischen Hofrath dem Churpfälzischen Hof
berichtet, „ daß die in dem Impressum befindliche
sämtliche Angaben, welche in blosen Actenwidrigen
Erdichtungen, Verdrehungen rc. bestünden, in
Rechten nicht hinreichend wären, die erkannte Spe=
cialuntersuchung rückgängig zu machen, „ die
besonders bemerkte Actenwidrige Erdichtungen sind
folgende:

A. Meine Angabe, daß das Churfürstliche Ge=
heimeraths Dicasterium dergleichen Untersuchungen
selbst zu führen incompetent wäre, wozu nach dem
Gülich= und Bergischen Inquisitions=Receß das

Chur=

Churfürstliche Hofraths Dicasterium die geeignete
Stelle sey, wird verworfen, und die Competenz
durch verschiedene Gründe behauptet, diese hier zu
zergliedern würde um so unnöthiger seyn, als sol=
che blos eine Rechtsfrage über Förmlichkeiten be=
treffen, welche durch eine solche Entscheidung
(vermuthlich eines Referenten) noch lang nicht ent=
schieden ist, und deren Entscheidung, wenn auch
selbige zu meinem Vorteil wäre, dennoch die son=
sten etwa in den Acten vorfindlichen Verdachte ge=
gen mich eben so wenig vermindern, als der Ge=
gensatz solche vergrößern könnte, folglich ist dieser
Punkt keiner von denen, deren Erledigung den Sinn
des Churfürstlichen Rescripts vom 18. December
1790. nur im mindesten erfüllen würde, oder die
Frage entscheiden könnte, ob die Specialuntersu=
chung dadurch abzulehnen wäre.

B. Behauptete ich (Impressum Bl. 11.) der er=
ste Geheimeräthliche Kommissar Tit. Lamezan wäre
bei seinem Auftrag so tumultuarisch und ungesetz=
lich verfahren, daß ihm derselbe von Hof aus ab=
genommen, und in meiner Sache Sitz und Stim=
me versagt worden sey. Hierauf wird gesagt,
so viel Sätze, so viel Unwahrheiten; die Acten wiesen
nach, daß der Geheimerath Lamezan in allem nach
der Dicasterial Vorschrift verfahren und daß er je=
desmal seinem Dicasterium von seinem Verfahren
Bericht abgestattet, dieses aber selbiges stets ge=
nehmigt hätte, wie könnte derselbe auch seine Un=
parteilichkeit in der Sache klärer an den Tag ge=
legt haben, als da er gleich bei der ersten Ver=
richtung schon das Dicasterium ersuchte, ihm we=

gen

4

gen Wichtigkeit der Sache einen Conkommissar bei-
zuordnen, wozu Tit. le Grand angeordnet worden
wäre; in der Folge wären zwar vom Höchsten
Hoflager an statt Tit. Lamezan und le Grand Tit.
von Knapp und von Palmer angeordnet worden,
der Hof hätte aber nie die mindeste Mißbilligung
des Verfahrens der ersten Kommissarien geäussert,
falsch und erdichtet sey es also daß *Serenissimus*
dem Tit. Lamezan Sitz und Stimme in der Sache
untersagt habe, derselbe hätte vor wie nach in der
Sache Sitz und Stimme beibehalten 2c. 2c.

Es ist hier der Ort nicht zu untersuchen, ob
die Acten nachweisen, daß der Geheimerath Lamezan jederzeit der Vorschrift gemäß oder tumultuarisch und ungesetzlich verfahren sey, dies würde
sich bei der Zergliederung meiner Drukschrift schon
näher aufklären, und da diese mein einziger Zwek
dermalen ist, so finde ich es unnöthig mich hier
darüber ferner zu äussern: wahr ist es aber, daß
Tit. Lamezan nach wie vor in meiner Sache Sitz
und Stimme beibehalten habe, und nichts destoweniger bleibt mein Satz dennoch wahr, laut folgender Abschrift des Churfürstlichen Rescripts, so
ich aus der Mannheimer Kabinets-Kanzley erhalten habe; warum aber das Original hiervon
bei den Düsseldorfer Kanzley-Acten nicht vorfind-
lich ist, oder wie es davon abgekommen sey, kann
ich nicht erklären.

Abschrift.   *C. T. E.*
  " Unserm 2c. 2c. Auf die von Tit. Freiherr von
, Nesselrode Hugenpoett unterthänigst eingereichte
                              „ Vor=

„ Vorstellung und Bitt, lassen wir euch die gnä=
„ digste Weisung hiermit zufertigen, gestalten Un=
„ srem Tit. Lamezan zu bedeuten, daß er in dem
„ Inquisitionswesen gegen ersterwehnten Tit. Frei=
„ herrn von Nesselrode von weiterem Votiren sich
„ enthalten solle, dessen ꝛc. Mannheim den 5ten
„ December 1777.
    An Gülich= und Bergischen Geheimerath
    also abgegangen.

Dies war also meinerseits keine Unwahrheit; das
Rechthaben hierin kann mir aber in der Hauptsa=
che eben so wenig nutzen, als das allenfalsige Ir=
ren mir hätte schaden können, folglich ist dies wie=
der kein Satz, dessen Erledigung den Sinn des
Churfürstlichen Rescripts im mindesten erfüllen
könnte.

C. (Impressum Bl. 11) Hätte ich vorgegeben,
die Anträge der neuen Kommissarien von Knapp
und von Palmer wären verworfen worden, und
man habe gesucht diese von der fernern Untersu=
chung zu entfernen ꝛc. Den Acten zufolg aber ver=
hielt diese Geschichte sich folgendermassen: Tit.
Knapp und Palmer hätten angetragen, daß die
Generalinquisition nunmehr so weit gediehen, daß
die Defension zur Abwendung der Specialinquisi=
tion zu gestatten sey, das Conclusum sey aber
dahin ausgefallen, daß sie über des Nesselroden
Antworten referiren sollten; beide Kommissarien
hätten nun einseitig nach Hof berichtet, daß ihres
Erachtens der Geheimerath nicht weiter in der Sa=
che hinein gehen könne, ohne die Specialinquisition
anzugehen, annebens müßten sie sich dieselbe we=
A 3   gen

gen ihren häufigen Geschäften verbitten. Und nun hätte *Serenissimus* an die Stelle dieser beiden Kommissarien Tit. Schmitz und Corsten mit dem Auftrag ernennet, "daß in Gemäßheit des von den vorigen Kommissarien wohl geschehenen bemessenen Antrags dies Inquisitionswesen rechtlicher Ordnung nach vollführt werden sollte." Falsch wäre es also vors erste, daß der Geheimerath gesucht habe, Tit. Knapp und Palmer von der fernern Untersuchung zu entfernen. Unter den beiden Kommissarien Schmitz und Corsten wäre der Dicasterial-Entschliessung gemäß noch ein und anderes, was noch zur Ausführung der Generalinquisition abgängig zu seyn geschienen hätte, vermittelst näherer Vernehmung der bereits vernommenen Personen ausgeführet worden; wie ich aber sagen könnte, daß diese gegen den Antrag der vorigen Kommissarien und gegen das obengehörte Rescript angegangen seyen, da sie weder in ihren Anträgen noch in ihren Verrichtungen zur Specialuntersuchung geschritten wären. Die angezogene Stelle des Impressums lautet folgendermaffen:

"Dieser Antrag wurde indessen verworfen, und die fernere Vernehmung ic. verordnet.

"Nun suchte man ic. Tit. Knapp und Palmer von der fernern Untersuchung zu entfernen ic.

Hier steht nicht in einem Sinne fort, und man habe gesucht, sondern der Vordersatz ist mit dem Wort, verordnet, geschlossen und abgebrochen, in der neuen Linie mit einem sichtbaren Einschnitt fängt alsdann ein neuer Satz mit den Worten an, Nun suchte man. Mit welchem Fug kann denn mein Wort, Ma.., in Geheimerath, verwandelt

werden? und wenn ich auch, was ich doch ausdrücklich verneine, den Geheimerath mit diesem
Wort, Man, hätte bezielen wollen? und wenn
ich auch hierin ganz geirret hätte? was würde wohl
hierdurch meiner angeblichen Schuld in der Hauptsache zufliessen? Nichts, wozu denn dies?

Ferner wird gesagt, wie ich sagen könnte, "daß
diese (Tit. Schmitz und Corsten) gegen den Antrag
der vorigen Kommissarien, und gegen das obge-
hörte Rescript angegangen seyen, da sie weder in
ihren Anträgen, noch in ihren Verrichtungen zur
Specialuntersuchung geschritten wären ꝛc.„ Ich
kann in der ganzen oben angezogenen Stelle meines Drucks Bl. 11. nicht finden, daß ich dies
gesagt habe; und wenn ich es auch ausdrücklich
gesagt haben sollte, hätte ich dann mehr gesagt,
als was die Sache selbst sagt? wird nicht oben
eingestanden, daß der Hof den Tit. Schmitz und
Corsten den Auftrag gegeben, " daß in Gemäßheit
des von den vorigen Kommissarien wohl geschehenen bemessenen Antrags dies Inquisitionswesen
rechtlicher Ordnung nach vollführt werden sollte.„
Hatten nun die vorigen Kommissarien Tit. Knapp
und Palmer berichtet (wie oben angeführt ist)
" Daß ihres Erachtens der Geheimerath nicht weiter in der Sache hinein gehen könne, ohne die
Specialinquisition anzugehen.„ Und sind nun die
neuen Kommissarien Tit. Schmitz und Corsten der
Dicasterial-Entschließung gemäß vermittelst näherer Vernehmung deren bereits vernommenen Personen weiter in der Sache hineingegangen? (wie
hier zugegeben wird) so sind sie ja gegen den An-

A 4   trag

trag der vorigen Kommiſſarien und gegen das ob=
gehörte Reſcript angegangen. Ob ſie nun hier=
durch des Erachtens der vorigen Kommiſſarien ge=
mäß zur Specialunterſuchung geſchritten ſind, will
ich dahier noch ausgeſtellt ſeyn laſſen, nur will ich
hier gelegenheitlich bemerken, daß der Düſſeldor=
fer Schöpfenſtuhl, da er in ſeinem Gutachten be=
fragt wurde, ob eine Specialinquiſition ſtatt fän=
de, in ſeiner darüber geführten und protokollirten
Berathſchlagung deutlich ſagt: " In der durch die
„ Geheimeräthliche Kommiſſarien wirklich geführ=
„ ten Unterſuchung iſt weit dahinein geſchritten
„ worden, was durchaus zur Specialunterſuchung
„ einſchlägig, alſo das gedünken mögte, dahier
„ von etwas, ob geſchehen ſollte, die Frage zu
„ ſeyn, was doch wirklich ſchon geſchehen iſt ꝛc.„
Schöpfen haben ſich nachgehends, da doch noch
eine Specialunterſuchung geſchehen ſollte, um dar=
auf erkennen zu können, mit der Förmlichkeitsaus=
flucht beholfen, daß die Geheimeräthliche Kom=
miſſarien und ihr Actuar nicht auf die *Carolina*
verpflichtet geweſen. Meines Erachtens könnte
der Mangel dieſer Förmlichkeit die idealiſche Voll=
kommenheit der Unterſuchung wohl verhindern,
aber ihre Weſenheit nicht verändern. Aus allem
dieſen iſt doch deutlich zu erſehen, daß mir in
dieſem Punkt wiederum keine Unrichtigkeit oder fal=
ſche Angabe zur Laſt fällt, und wenn dies auch
wäre, ſo iſt dies doch wiederum kein Gegenſtand,
der meine angebliche Schuld vergrößern könnte,
und laut Reſcript vom 18ten December 1790. un=
terſucht werden ſollte.

D. Be=

D. Behaupte ich (Impreſſum Bl. 14.) der Frei=
herr v. Geyr wäre bei der ganzen Sache als An=
kläger betrachtet worden, derſelbe habe Fragſtücke
übergeben, worüber ich vernommen worden ſey,
die Zeugen wären von dem v. Geyr vorgeſchlagen,
und über Fragſtücke, welche derſelbe gleichfals ent=
worfen, vernommen worden ꝛc. Ich hätte vor=
aus in meinen Ausſagen wider dieſe Zeugen ver=
nommen werden müſſen, mit den Eheleuten Wau=
ters hätte ich in Feindſchaft gelebt, und derglei=
chen ꝛc. Hierauf wird geſagt: Wiederum nichts
als Unwahrheiten und Verdrehungen, der Herr
von Geyr ſey nie in der Sache als Ankläger be=
trachtet worden ꝛc.

Der Herr von Geyr hat in ſeinem Conſtitutions=
Protokoll Montags den 15ten December 1777.
Nachmittags begehrt, die Eheleute Wauters über
14 von ihm in dem nemlichen Protokoll angege=
bene Fragſtücke zu vernehmen, und Dienſtags den
16ten December 1777. hat er in ſeiner fernern
Conſtitution noch 6 Fragſtücke angegeben, und
noch zwei neue Zeugen, nemlich einen ſichern Kauf=
mann Scheidt, und einen Leutenant von Goldſtein
zu vernehmen gebeten, wie die benennten in den
Acten Convoluto 5to vorfindlichen Protocollen
nachweiſen können.

Wo hier nun Unwahrheiten und Verdrehungen
anzutreffen ſeyen, überlaſſe ich dem gefälligen Le=
ſer zu entſcheiden, gewiß iſt doch allemal, daß,
wenn ich hierin auch gefehlt hätte, meiner vorgeb=
lichen Schuld dadurch wieder nichts zuwachſen
könnte; weiter wird geſagt: "wie ich dürfe alle
ver=

vernommene Perſonen als wider mich eingenomme-
ne Zeugen angeben, da dieſelbe doch bei weitem
nicht alle als Zeugen abgehört, noch bei der Beurtheilung betrachtet worden ſeyen.,,

. Ich habe gegen keinen Zeugen etwas eingewendet, als gegen die Eheleute Wauters, weil dieſe
ohnlängſt vorher durch eine bekannte Streitigkeit
von meinem Guth Hugenpoett abgereißt waren,
wo ſie ſich ſonſten ſehr vielfältig aufhielten.

Ferner, ''um das Publicum glauben zu machen, der Richter habe alle dieſe Perſonen als Zeugen wider mich angenommen, habe ich beim Abdruck des Vortrags des Tit. Schmitz eine unver-
zeihliche Liſt ꝛc. begangen, gleich im Anfang des
Vortrags, wo von der Vernehmung der Zeugen
die Rede ſey, habe ich in dem Abdruck offenbar
abſichtlich die Worte *Jurato* und ferner conſtituirt ausgelaſſen, damit es das Anſehen haben
möge, als wenn dieſe ſämtliche Perſonen als Zeugen wider mich verhört worden, und die Urtheile
auf die Auſſagen derſelben gegründet ſeyen ꝛc.

In der Abſchrift, die ich ſelbſt ſchon vor vielen
Jahren von dieſem Vortrag verfertigt habe, und
welche noch vorgezeigt werden könnte, ſind dieſe
beiden Worte auch nicht, ich kann alſo dermalen
keinen Grund angeben, warum ſolche ausgelaſſen
ſind; ich ſehe aber auch nicht ein, was deren Aus-
laſſung mir nutzen, oder deren Beyſetzung ſchaden
könnte, weil es im Grund eins iſt, ob Zeugen wider einen, oder für einen angenommen werden,
und es eigentlich nur darauf ankommt, ob ihre
Auſſagen wider einen, oder für einen ſind; dieſe
habe

habe ich in meinem Impreſſum angefochten, und
Actenmäſſig bewieſen, daß alle dieſe Zeugen nur
einzele, und ſich widerſprechende Zeugen ſind, und
daß ihre Ausſagen nichts weſentliches gegen mich
beweiſen; nie aber habe ich mich noch darüber be-
ſchwert, daß ſelbige jurato conſtituirt, oder un-
beeidet vernommen worden wären; es iſt mir mithin ganz unbegreiflich, was dieſe Unrichtigkeit,
wenn es eine ſeyn ſoll, mir ſchaden könnte.

Ferner wird mir vorgeworfen, ich arbeitete vor-
züglich darauf, den Tit. Lamezan als meinen
Feind zu ſchildern, und deſſen abgehaltene Protokollen den Glauben zu benehmen, der Conkom-
miſſar Tit. le Grand ſtünde mir aber im Wege,
wider den ich nichts insbeſondere anführen könnte.
Deßhalb ließ ich zu zweienmalen in den Vorträgen
der Tit. Schmitz und Corſten den Tit. Lamezan
allein als Kommiſſar auftreten, da doch der Referent die Gegenwart des Conkommiſſars ausdrücklich bemerkt hätte.

(Impreſſum Bl. 37.) kämen in dem Abdruk
folgende Worte der Schmitziſchen Relation vor:
" ſowohl beim vorigen Kommiſſar Lamezan als
auch vor uns „ ꝛc. in dem urſchriftlichen Vortrag
ſelbſt heißt es aber " bei vorigen Kommiſſarien Tit.
le Grand und Lamezan „ ſo wird ebenfals in dem
Abdruck des Vortrags des Tit. Corſten eine ähnliche Verfälſchung angetroffen, Bl. 79. ſteht in dem
Abdruck " von dem erſten Kommiſſar Lamezan ꝛc. „
in dem urſchriftlichen Vortrag heißt es aber " von
den beiden Kommiſſarien Tit. le Grand und Lamezan „ ꝛc. Nun wird hieraus geſchloſſen und
geſagt

gesagt, daß man an diesen wenigen Zügen an mir
einen Mann erkennen könnte, der zu seiner Vertheidigung etwas mehr als Wahrheit nöthig hätte.

Man wird mir eingestehen müssen, daß das sehr
viel gesagt ist, und um so mehr gesagt ist, als
bis hierhin noch nicht eine einzige Unwahrheit bewiesen ist, dergleichen Gesinnungen zwingen mich
zur äussersten Publizität, diese, und die ublimirten
vollständigen Acten sollen mein Schild seyn, gegen
dem alle nur ersinnliche Pfeile der Befangenheit
abprellen werden.

Wollte man auch das Weglassen vorgedachter
dreien Worte *Jurato*, constituirt und le Grand,
da es doch nur eine gleichgültige Unrichtigkeit ist,
im strengsten Verstand eine Unwahrheit nennen,
so ist solche um so weniger von einiger Erheblichkeit
als diese Worte wenn sie beygesetzt wären, meine
Sache im mindesten nicht schlimmer machen könnten, ich also keinen Grund hatte sie mit Vorsatz
wegzulassen.

Ich hatte nicht nöthig die mindeste Mühe anzu-
wenden, um den Lamezan als meinen Feind zu
schildern, denn er war bekanntermassen keines Men-
schen Freund, wie er denn auch die letzte Zeit seines Lebens vom völligen Beysitz im Rath suspen-
dirt gewesen ist. — Ich könnte gegen diejenige,
so die Unsterblichkeit der Seele läugnen wollen, einen starken Beweis aufbringen, denn ich fühle
sehr merkbar in diesem Geschäft die fortdaurenden
Wirkungen der Seele des längst verstorbenen
Lamezans; dies wäre also wieder kein Satz, dessen Erledigung den Sinn des vorgedachten Rescripts
vom 18ten Decemb. 1790. erfüllen könnte.

E. (Impreſſum Bl. 12.) machte ich dem Geheimenrath den Vorwurf, daß man anderthalb Jahr nach angefangener Unterſuchung nöthig gefunden habe, ſich des Corpus delicti zu vergewiſſern, dieſer Vorwurf ſey aber ganz falſch ꝛc. ohne Verſchulden des Geheimenraths wäre die völlige Vergewiſſerung des Daſeyns der Confirmationsurkunde ſo lang verzögert worden, bis *Sereniſſimus* endlich die beiden Geheimeräthlichen Secretarien zur Einſichtnehmung nach Holland geſchikt hätte.

Die Verzögerung wird alſo eingeſtanden, mithin iſt mein Vorwurf nicht falſch, ob dieſe Verzögerung nun ohne Verſchulden des Geheimenraths geſchehen ſey, will ich hier hingeſtellt ſeyn laſſen. Ob dieſe aber einen rechtmäßigen Vorwurf verdiene, dies hängt von der Entſcheidung der Rechtsfrage ab, wie weit man in dergleichen Sachen, ſo lang dieſe Förmlichkeit noch fehlt, fortſchreiten darf; da aber die Beobachtung dieſer Förmlichkeit, ſie ſey nun in der geſetzmäßigen Zeit geſchehen, oder ſie ſey auch ungeſetzlich nachgehohlt worden, meine angebliche Schuld in der Hauptſache nicht vermindern noch vergröſſern kann, ſo will ich mich hier eben ſo wenig dabei aufhalten, als bei dem erſten Satz I. *A.*, und will mich begnügen zu bemerken, daß dies wieder keiner von den Sätzen iſt, deren Erledigung den Sinn des oftgedachten Reſcripts vom 18ten December 1790. zu erfüllen im Stand iſt.

F. (Impreſſum Bl. 12.) hätte ich bemerkt, „ daß der von den committirten Secretarien zuge-
„ zogene

„ zogene Schreibmeister nicht vereidet worden
„ sey ic. „ Diese Bemerkung wird mir nicht wi-
dersprochen, folglich ist hier meinerseits wieder keine Unwahrheit; ob nun diese Beeidigung nöthig,
oder, wie man hier angeben will, übergangen
werden konnte, und ob dieser Schreibmeister, wenn
dessen Gutachten im Zusammenhang mit dem Gutachten der Kommissarien wohl erwogen wird, etwas mir Nachtheiliges bewiesen hat, dies habe ich
in meiner Hauptdefension ad Acta schon ausge-
führt, und werde es gelegentlich näher ausfüh-
ren, denn gegenwärtige Schrift ist eigentlich nur
dazu bestimmt, mein Impressum, so weit dies
angefochten wird, des Endes zu vertheidigen, um
nach Masgab des ofterwehnten Rescripts die actenmäßige Prüfung desselben zu erhalten, und
dann durch eine actenmäßige fernere Geschichtserzählung die wahre Lage der Sache, seit dem mein
Druck erschienen ist, dem Publikum bekannt zu
machen.

G. (Impressum Bl. 12.) "sagte ich wörtlich,
bis zum Eingang meiner Vertheidigung wäre Tit.
Daniels der Referent in meiner Sache gewesen, zu
meinem größten Schaden hätte es sich eben jetzt
zugetragen, daß der Präsident des Collegiums,
von dem die Benennung der Referenten abhängt,
krank geworden wäre, und der Vorsitz an einen
jungen Herrn von Brachel gekommen sey, dieser
hätte einen andern Referenten in der Person des
Criminalreferendar Kannengiesser ernannt, welcher
zugleich im Geheimeurath war, und also über
meine Sache in jenem Collegium bereits gestimmt
hätte,

hatte, bei dem Geheimenrath wäre die Instruktion
der Sache veranlaßt worden, auf deren Beurthei=
lung selbst es jezt ankäme, man hätte mich dort
für schuldig geachtet, und es wäre also etwas uns
förmliches, daß man jezt ein Mitglied des Gehei=
menraths zum Referenten in meiner Sache ernens
nen wollte; weil indessen dieser Kannengiesser den
Ruf eines besondern rechtschaffenen Mannes hätte,
so hätte ich dieser gegründeten Bedenklichkeit hals
ber doch keine Weitläufigkeit machen wollen, und
hätte daher bei Hof um die Verfügung gebeten,
daß ein Correferent aus der Mitte des Hofraths
bestimmt werden mögte, und hierauf wäre der
vorgedachte Daniels von Hof aus zum Correfe=
renten ernennt worden, der von Brachel, welcher
noch immer den Vorsitz gehabt, hätte das Colle=
gium bewogen, hiergegen Vorstellungen zu mas
chen, und er selbst hätte angeführt, daß der Das
niels deshalb zum Correferenten nicht könnte er=
nannt werden, weil der von Geyr ihn bei dem
Präsidium verbeten hätte, ohne daß jedoch ge=
gründete Ursachen dazu angeführt, und erwiesen
worden wären, wie solches sowohl nach allgemei=
nen Gesetzen als nach dem Gebrauch bei unseren
Gerichtshöfen nöthig sey, der Hof hätte hierauf
seine Verfügung zurückgenommen, und befohlen,
einen rechtschaffenen Mann zum Correferenten zu
ernennen; unterdessen hätte der von Brachel den
Vorsitz verloren, und die Sache so einzuleiten ge=
wußt, daß er selbst zum Correferenten bestellt wor=
den wäre, auch dies vor mir so geheim gehalten
worden sey, daß ich erst beim Ablesen der Rela=
tion diese Wendung erfahren hätte.

Hierauf wird gesagt, falsch sey es, daß Tit. Daniels jemals Referent in der Sache selbst war, nur in Sachen Fisci wider Richtern Eberhard wäre er zum Referent ernennt gewesen.

Dieser Eberhard war Richter meiner Herrschaft Hngenpoett, war derjenige, der die in Frag stehende Obligation bei dem Gericht realisirt hatte, und ward deßfals in Arrest gezogen, da dieser nun hat gegen Caution losgelassen zu werden, und die ganze Sache damals noch bei dem Geheimenrath verhandelt wurde, so warden Acten in puncto dieser Loslassung zum Hofrath abgegeben, und dorten, wie oben gesagt, Tit. von Daniels zum Referenten eingeschrieben. Nachgehends wurden die Acten wiederum zum Geheimenrath zurükgeschikt und das fernere dorten verhandelt, bis solche endlich sämtlich zum Hofrath zur Beurtheilung abgegeben worden sind.

Da nun Tit. v. Daniels in einem so nahe mit der Hauptsache verbundenen Punkt als Referent eingeschrieben war, so sind demselben die Acten vermuthlich von der Registratur ohne weitere Anfrage zugestellt worden, denn es finden sich bei denselben verschiedene Anträge des Tit. v. Daniels in meiner Sache selbst. Ich hatte also um so mehr Ursache zu glauben, daß Tit. von Daniels mein Referent sey, da er sich selbst dafür hielt, und die Acten in der Registratur foderte, weil er wußte, daß meine Vertheidigung eingekommen war, auch alsdann erst von dem Registrator erfuhr, daß ein anderer Referent eingeschrieben war.

Der Unterschied zwischen einem Respicienten und

Referen-

Referenten war damals noch so genau nicht be=
stimmt, wie er jezt seyn soll, auch pflegte diese
Veränderung damals ohne besondere Veranlassung
von dem Präsidum nicht zu geschehen; die Veran=
lassung hierzu erfuhr ich alsobald, und deshalb
begehrte ich einen Coreferenten, weil aber diese
Veranlassung in den Acten nicht anzutreffen ist,
so gehört solche auch nicht hierher, weil hier nichts
behauptet werden soll, als was Acten beweisen
können. So ganz falsch ist denn doch meine An=
gabe nicht, daß Tit. v. Daniels anfangs mein
Referent war, und wenn sie auch ganz falsch seyn
sollte, was thut das zur Hauptsache? Nichts.
-Falsch wäre ferner, daß Tit. v. Brachel den Tit.
Kannengiesser zum Referenten eingeschrieben habe,
weil dies von Tit. v. Beusdahl geschehen sey.

Dies wäre also die erste meiner Angaben, wo=
bei ich wirklich geirrt hätte; da ich aber von der=
gleichen Umständen nie eine legale Kenntnis habe,
und diese nur durch Hörensagen erlangen konnte,
so kann mir dies um so weniger verargt werden,
als es zur Hauptsache nicht ab= noch zuthun kann.
Die Legalität der Benennung des Tit. Kannengies=
ser zum Referenten wird nun weitläufig vertheidigt,
wobei ich mich nicht aufhalten will, denn wenn
auch diese Legalität vertheidigt werden könnte, so
war es doch im strengsten Verstand weit besser und
legaler, wenn er nicht hierzu benennt worden wä=
re, weil man den muthmaslichen Schein einer Il=
legalität, wegen seiner Verbindung mit seinem Di=
casterium und mit mehreren, demselben doch nie=
mals benehmen konnte.

B   Weis

Weiter heißt es, es wäre falsch, daß Tit. Daniels von Hof zum Correferenten ernannt worden sey. Es wäre vermög Reſcripts vom 29. April 1779. nur verordnet worden, " den begehrten Tit. Daniels , fals hierbei kein beſonderer Anſtand obwaltete, zum Correferent anzuordnen ꝛc.,,

Eine bedingte Anordnung iſt doch immer eine Anordnung, wenn ſchon ſelbige nicht eher als nach erfüllter Bedingung ihre Wirklichkeit erhält, folglich iſt f a l ſ ch nicht das Wort, was hier meine Angabe verdient; und wenn ſelbige auch ganz falſch wäre, ſo würde dennoch die Hauptſache dadurch nicht im mindeſten verändert. Ferner wird geſagt, unrichtig ſey die Angabe, daß Tit. v. Brachel im Dicaſterium angeführt habe, Tit. Daniels könne nicht zum Correferenten ernannt werden, weil der Freiherr v. Geyr ihn beim Präſidium verheren habe. Dies hätte Tit. von Beusdahl erinnert ꝛc.

Dies wäre alſo die zweite meiner Angaben, die wirklich unrichtig wäre; doch da ſie von der nemlichen Gattung wie die erſte iſt, ſo wiederhohle ich hier meine zur erſten abgegebene Erklärung. Ich bin nun überzeugt, daß Tit. v. Beusdahl dasjenige gethan hat, was mir damals verſichert wurde, durch Tit. von Brachel geſchehen zu ſeyn; ich bleibe aber dennoch nichts deſtoweniger inniglich überzeugt, daß Tit. v. Beusdahl in allem nur Helfershelfer war; übrigens werde ich in der Folge noch Gelegenheit haben, auf die von demſelben vorgetragene Perhorreſcenz wieder zurükzukommen. Sodann ſey es falſch und unerweislich, daß der

von Brachel die Sache so eingeleitet habe, daß er
selbst zum Correferenten angestellet worden wäre ꝛc.

Juristisch unerweislich mag es wohl seyn, ob
es aber deshalb auch falsch ist, wäre noch immer
die Frage. Doch alles, was in diesem Satz enthalten ist, wenn ich auch in allem Unrecht hätte,
welches doch nicht ist, würde meine angebliche
Schuld in der Hauptsache wiederum eben so wenig
vergrössern, als wenn ich in allem Recht hätte,
vermindern. Folglich gehört dies wieder nicht unter jene Sachen, die laut dem Rescript vom 18.
Decemb. 1790. untersucht werden sollten.

H. (Impressum Bl. 13.) Hätte ich behauptet,
Tit. Kannengiesser habe dem gewissen Vernehmen
nach auf eine nähere Untersuchung sowohl gegen
den bereits absolvirten v. Geyr als gegen mich angetragen; der v. Brachel wäre weiter gegangen,
habe den v. Geyr neuerdings absolvirt und mich
zur Specialinquisition condemnirt, er habe auch
Mittel gefunden, da er Dreistigkeit und eine gute
Lunge gehabt, das Consilium nach seinem Antrag
zu bewegen; ganz angezweifelt müsse also seine
Relation eben so falsch und unwahr, als die Relationen der Tit. Schmitz und Corsten seyn, und
ich sey erböthig, ihm dieselbe aus den Acten falsch
zu machen, so bald er dreist genug seyn würde,
sie mir mitzutheilen ꝛc. Hierauf wird erwiedert:
Falsch sey es, daß Tit. Kannengiesser auf eine nähere Untersuchung angetragen, er habe eben so wie
der Correferent auf die Specialinquisition erkannt.
Falsch sey ferner der Ausdruck: der absolvirte v.
Geyr. Der v. Geyr hätte kein Absolutorium

B 2   für

für sich, sondern nur ein Certificat des Geheimenraths vom 18ten Septemb. 1779. " daß auf er-
stattete Referaten nichts Beschwerendes wider ihn
vorgekommen sey rc.„

In der angezogenen Stelle Bl. 13. stehen die
Worte, dem gewissen Vernehmen nach, nicht;
doch selbige stehen in einer andern Stelle über den
nemlichen Gegenstand Bl. 86. In beiden Stellen
aber steht nicht, habe angetragen, sondern, soll
angetragen haben; mithin habe ich dieß nicht als
bestimmt wahr angegeben, folglich fällt das un-
richtige dieser Angabe mir auch nicht zur Last.
Wie kann der Ausdruck: der bereits absolvirte
v. Geyr, falsch seyn, oder wie kann das Falsche
hiervon mir aufgebürdet werden, da doch in dem
angezogenen Certificat vom 18ten Sept. 1779.
ausdrücklich die Worte stehen:

" In Belang der Nichtbetheiligung an der
„ Confirmationsverfälschung gegen den v. Geyr
„ nichts näher Beschwerendes vorgefunden wor-
„ den rc.

Wer von Richters wegen als Nichtbetheiligt
in einer Sache erklärt wird, den kann man doch
wohl unbedenklich den Absolvirten nennen. Zudem
hat Freiherr v. Geyr noch neuerdings ein Certificat
aus dem Churfürstlichen Hofrath den 5ten Merz
1792. erhalten, "daß obschon ich denselben in
einer größtentheils Actenwidrigen Vertheidigung,
und eben so in einer in den Schlözerischen Staats-
Anzeigen 63tes Heft eingerückten, ebenfals mit Unwahrheiten und Verdrehungen angefüllten Prozeß-
geschichte in ein verdächtiges Licht gestellt hätte,

den-

dennoch sich auch fernerweit nichts gravirendes. wider ihn hervorgethan habe, sondern die Sache noch in dem nemlichen Stand sey, worin sie 1779. war. ,, Das Actenwidrige meiner Vertheidigung wird hier, Satz für Satz actenmäßig angeführt, und ist, wie gesehen, so wenig bedeutend, daß es zur Hauptsache nichts ab= noch zuthun kann; die Unwahrheiten und Verdrehungen meines Aufsa= tzes in Schlözer sind noch nirgend zergliedert wor= den, und das Certificat vom 5ten Merz 1792. unter dem Churfürstlichen Siegel ist doch da. Das obenbemerkte Certificat vom 18ten Septemb. 1779. ist nicht vom Geheimenrath, wie vorn gesagt wird, sondern vom Hofrath ertheilt worden; dasjenige. vom Geheimenrath ist vom 2ten Junii 1778. und. in selbigem sind die Worte, " in Belang der. Nichtbetheiligung an der Confirmationsver= fälschung,, nicht anzutreffen; ich kann, wenn es. nöthig seyn wird, beweisen, daß diese Worte in dem ersten Certificat nicht seyn konnten, und in. dem zweiten nicht hätten seyn sollen. Doch was brauche ich mich hiermit aufzuhalten, es wird ja behauptet, der Freiherr von Geyr sey noch nicht absolvirt, nun gut, so ist mir um so viel weniger bewiesen, und ich komme meinem Satz, daß mir gar nichts bewiesen ist, dadurch viel näher. Ue= brigens kann wiederum diese Unrichtigkeit oder. falsche Angabe, wenn es eine seyn soll, in der Hauptsache mir eben so wenig schaden wie nutzen. Weiter wird behauptet, es sey Verläumbung im höchsten Grad, die mit dem Schöpfenstuhl ein= stimmige Relation des Tit. v. Brachel, ohne sie

gesehen

gesehen zu haben, einer Falschheit beschuldigen zu
wollen, das Dicasterium obrste mit solche kühn
mittheilen, wenn nur solche Mittheilungen üblich
wären ꝛc.

Ehe und bevor eine Angabe als eine im höchsten
Grad offenbare Verläumdung betitelt werden kann,
müßen die Beweise vorgefordert und geprüft wor=
den seyn, so lang dies noch nicht geschehen ist,
bleibt es unentschieden, ob meine Angabe eine Ver=
läumdung sey. Die Einstimmigkeit der Relation
des Tit. v. Brachel mit dem Schöpfenstuhl kann
dieselbe nicht schützen, denn bei diesem Schöpfen=
stuhl saßen damals mehrere in der Sache ganz il=
legale Schöpfen, deren Illegalität ad Acta con=
stirt, und die man keineswegs legal machen konn=
te, die sogar das Wort führten und denen es an
Dreistigkeit und guter Lunge gewiß nicht fehlte.
Hier kann ich nicht umhin einen Umstand aus den
Acten anzuführen, der meiner Angabe ein ziemli=
ches Gewicht gibt, und dieser ist folgender: Der
Freiherr von Geyr hat den 28. May 1779. wenn
ich nicht irre, doch gewiß um die Zeit, und da er
sein Certificat schon hatte, daß nichts Beschweren=
des gegen ihn vorgekommen sey, eine weitwendige
ungefähr vier Finger dicke Schrift eingegeben,
welche eine Widerlegung meiner ihm contra votum
Fisci mitgetheilten Vertheidigungsschrift war, wor=
auf aber den 2ten Junii 1779. das rechtmäßige
Resolutum abgefaßt wurde:

„Daß weilen diese Zusätze post exculpationem
„des Freiherrn von Nesselrode Hugenpoett einge=
„kommen sind, nicht darauf zu reflectiren sey.„

Nachdem

Nachdem hat Freiherr v. Gehr den 4. Auguſt, den 7ten, 9ter, 11ten, 17ten und 18ten Septemb. 1779. noch weitläufige Schriften unter dem Rahmen Reflectends. übergeben, welche zuſammen wohl wenigſtens zwei Finger dick ſind; dieſe Schriften muſten auf alle Fälle der vorigen Entſchließung vom 2ten Junii 1779. unterworfen ſeyn, denn mir iſt nie das mindeſte hiervon mitgetheilt worden; ich kann auch ſchwören, nie die mindeſte Wiſſenſchaft von allen dieſen Eingaben gehabt zu haben, bis ich ſelbige bei der im vorigen Sommer mir verſtatteten Inſpection der Acten zuerſt erhalten habe. Tit. v. Brachel hat in ſeiner Relation den Empfang dieſer Schriften angezeigt, auch daß er das nöthige hieraus an Ort und Stelle bemerken werde; auch ſind ſelbige ſämtlich zum Schöpfenſtuhl abgegeben und dorten verleſen worden, wie ſich darauf notirt findet. Jedem Rechtsgelehrten iſt bekannt, daß die Vertheidigungsſchrift des Beklagten das lezte Actenſtück ſeyn muß und daß alsdann die Acten geſchloſſen ſind, wie obiges rechtmäßiges Reſolutum vom 2ten Junii 1779. noch bekräftigt, und dennoch ſind alle dieſe weitwendige Schriften, ohne mir zu meiner Vertheidigung communicirt zu ſeyn, zur Aburtheilung gegen mich gebraucht worden, wie Acta beweiſen. Ob nun die Relation des Tit. v. Brachel und das Gutachten des Schöpfenſtuhl, nicht ſchon allein wegen dieſem illegalen Verfahren contra Jus & Concluſum, ohne einmal der übrigen ſehr häufigen und rechtlichen Einwürfe zu erwähnen, von mir ohne Verläumdung angegriffen werden könnte,

B 4 über-

überlasse ich dem Rechtsgelehrten und jedem gefälligen Leser zu beurtheilen, auch welche Gesinnungen dies voraussetzt, wenn man dergleichen durchaus vertheidigen will. Wenn ich übrigens einmal
nöthig finden sollte, die Relationen der Tit. Kan-
nengießer und v. Brachel mit meinen Bemerkun-
gen ex Actis begleitet, auftreten zu lassen, wie
ich in meiner gedrukten Vertheidigung mit den Referaten der Tit. Schmitz und Corsten gethan habe,
so wird es sich zeigen, daß die letzten die neinli-
chen Gründe wie die ersten gebraucht, ja sich hin
und wieder abgeschrieben haben, und so lang meine
Widerlegungen gegen die ersten in meiner gedrukten Vertheidigung nicht Actenmäßig in meinem
Beyseyn coram Protocollo als falsch und unrichtig bewiesen sind, so lang sind die letzten ebenwe-
nig im Stand, den Grund meiner Verurtheilung
zur Specialuntersuchung abzugeben. Denn der
Einwurf, daß meine Verurtheilung nur auf die
beiden letzten gegründet sey, kann nur bei dem
gelten, der die Acten nicht kennt.

J. (Impressum Bl. 13.) Hätte ich ferner vorgegeben, daß wie ich nun zur Specialinquisition
verurtheilt gewesen wäre, so hätte ich mich in einer
bei hiesiger Stelle eingereichten Bittschrift erklärt,
daß ich mich zur Specialinquisition stellen wollte,
und nur so lang um Frist bäte, bis ich von meinem Landesherrn sicheres Geleit erhalten hätte;
diese Bitte wäre mir aber abgeschlagen, und das
Contumacialurtheil eröfnet worden. Unstreitig hätte es für mich den Schein einer gegründeten Be-
schwerde, daß man mir dahier ꝛc. weder einen

Aus-

Ausstand noch auch ein näheres freies Geleit verstattet, auch ohne einmal meine Sistirung länger
abzuwarten, einige Tage hernach das Contumacialurtheil erlassen hätte. Gleichwohl träten solche
Nebenumstände ein, welche diese aus Unvorsich-
tigkeit dreyer Referenten vom Dicasterium geschehene Uebereilung wieder heilten.

Und diese Nebenumstände sind, daß das Urtheil
nicht gleich, sondern beinahe vier Monath nachher erst verkündigt worden, mithin ich Zeit genug
gehabt hätte, mich darüber zu beschweren.

Diese verzögerte Verkündigung des Contu-
macialurtheils wurde von Hof aus veranlasset,
wovon ich nichts erfuhr, mir ward nur die abschlägliche Verbescheidung bekannt; doch ohne mich
weiter mit diesem Satz aufzuhalten, ist mir genug, daß dies Verfahren eine aus Unvorsichtig-
keit dreier Referenten vom Dicasterium geschehene
Uebereilung zu seyn, eingestanden wird, man
wird mir also nicht übel deuten können, wenn ich
solches ein ungerechtes Verfahren nenne, und natürlicher Weise glauben muste, daß einer solchen
ungerechten Verbescheidung alle fernere Schritte
bei dem Hofrath ohne Wirkung seyn würden; und
das gegenwärtige Verfahren ist ein ziemlicher Beweis, daß ich in meiner Muthmassung nicht viel
geirrt habe; weshalb ich denn auch nichts mehr
bei dieser Stelle, wohl aber verschiedene Bittschrif-
ten bei Hof eingab, welche aber alle ohne Antwort
und Wirkung blieben, bis endlich durch die Aller-
höchste Unterstützung des Königlichen Preußischen
Hofs das oben angeführte Rescript vom 18ten

December

December 1790. erlaſſen wurde, deſſen billige
und rechtmäßige Wohlthat mir durch das dermaⱥ
lige Verfahren anſcheinlichermaſſen merklich erⱥ
ſchwert werden will.

Dies iſt nun alles, was als Actenwidrige Erⱥ
dichtungen ꝛc. in meiner Drukſchrift bemerkt worⱥ
den iſt, und wonach der insbeſondere nicht beⱥ
~~rüget~~ Inhalt der ganzen Vertheidigung gewürⱥ
digt werden ſoll. Das Ausheben ſolcher nichts
bedeutenden Kleinigkeiten, die noch nicht einmal
alle als wirkliche Unrichtigkeiten haben bewieſen
werden können, zeigt deutlich an, daß meine
Rechtfertigung nicht das Ziel war, wohin man
die Sinne der Menſchen leiten wollte; und dennoch
nichts weſentlicheres ausgehoben zu haben, beweiſt
wohl klar, daß nichts weſentlicheres zu finden
war; es hätten doch wenigſtens einige von den
Hauptentſchuldigungsangaben angeführt und als
Actenwidrig oder unrichtig bewieſen werden müſⱥ
ſen; denn wenn ich auch in allen vorbemerkten
Sätzen Unrecht hätte, welches doch, wie man geⱥ
ſehen hat, nicht iſt, ſo würde dadurch meine vorⱥ
gegebene Schuld im mindeſten nicht vergröſſert noch
bewieſen ſeyn, wie man alſo durch ſolche unbedeuⱥ
tende Unrichtigkeiten ſich berechtigt halten kann,
dem Hof meine ganze Vertheidigung als Actenⱥ
widrig ꝛc. vorzuſtellen, und daß ſolche folglich nicht
hinreichend ſey, die gegen mich erkannte Specialⱥ
inquiſition zu hintertreiben, überlaſſe ich dem unⱥ
partheyiſchen Leſer zu beurtheilen, ich aber behauⱥ
pte nach wie vor, daß meine gedrukte Vertheiⱥ
gung in allen weſentlichen Sätzen, wo es auf Wiⱥ
derle⸗

berlegungen nnb Entschuldigungen beren gegen mich hervorgesuchten Inzichten ankommt, Acten-mäßig wahr sey, mithin die gegen mich erkannte Specialinquisition allerdings hintertreiben muß, in dem selbige nur auf irrige und unbewiesene Verdachte und Muthmassungen gegründet ist, welche nur in den beiden letzteren Relationen der Tit. Kannen-giesser und v. Brachel auf die nemliche Art, wie in den ersten, wiederhohlt worden sind. Alles, was ich hier angegeben habe, bin ich bereit vor jeder unpartheyischen Commission, die Original-Acten auf dem Tisch, wahr zu behalten, was herin geschrieben steht, muß allemal den Aus-schlag geben, und wohldenkende Männer können mir nicht verübelen, daß ich alles mögliche an-wende, und kühn die Wahrheit rede, um meine schon gar zu lang gekränkte Ehre endlich einmal zu retten.

Um meine gefällige Leser ganz von der Lage der Sache zu unterrichten, will ich hier in kurzem nachhohlen, was von dem Augenblick an, da ich die Königliche Preußische Allergnädigste Unterstü-tzung erhielt, in der Sache vorgefallen ist.

Da nach Absterben meines Herrn, des Herrn Marggrafen von Brandenburg-Schwedt Königli-che Hoheit, Se. Majestät der König mir eine gnä-dige Audienz verstatteten, und es das Ansehen hatte, daß ich ferner gebraucht werden sollte, so trat ein Menschenliebender Pfälzer auf, der durch Helfershelfer meine Geschichte dem König im schwär-zesten Licht zu hinterbringen suchte; diese war in Berlin nicht unbekannt, ich hatte selbige verschiedenen

denen Groſſen ſelbſt entdeckt, weil ich immer zum einzigen Augenmerk hatte, bei erſter Gelegenheit die Unterſtützung des Königs zu erhalten, und hierzu zu verwenden. Ich bin alſo dem obenbemerkten Menſchenfreund einen wahren Dank ſchuldig, daß er mir auf dieſe Art, (obſchon dies ſeine Abſicht nicht war) die Gelegenheit hierzu verſchaft hat. Ich ſchrieb unverzüglich an Se. Majeſtät den König, welcher hierauf folgenden Allergnädigſten Befehl erließ :

" Mein lieber Großkanzler, Freiherr von Carmer; der Schwedtſche Hofmarſchall Freiherr
„ von Neſſelrode bittet mich in anliegender Vorſtellung, ihm durch eine nähere Unterſuchung
„ der vormals über ihn zu Düſſeldorf gepflogenen
„ gerichtlichen Verhandlungen Gelegenheit zu geben, einen für ihn daraus entſtandenen nachtheiligen Verdacht von ſich abzulehnen; Ich will
„ dieſem Geſuche in ſo fern genügen, daß ich euch
„ hiermit eine vorläufige Ueberſicht ſeiner bei ſich
„ habenden, und auf jene Angelegenheiten ſich
„ beziehenden Acten aufgebe, und hiernächſt
„ eurem Bericht über die eigentliche Lage der Sachen zur beſtimmteren Beſcheidung des von Neſſelrode entgegen ſehe. Ich bin euer wohl afficoniter König

Friederich Wilhelm.
Berlin, den 18. Merz 1789.

Hierauf erfolgte der Bericht und das Precis des Herrn Großkanzler Excellenz, welche nebſt einer kleinen

kleinen Geschichtserzählung für den der Sache ganz
unkundigen Leser im 63ten Heft der Schlözerischen
Staats-Anzeigen Nro. 29. abgedrukt sind. Inzwischen hatten Se. Majestät dem Ministerial-
Departement der auswärtigen Geschäften unterm
2ten April 1789. aufgetragen, sich meiner Sache
anzunehmen, welches den folgenden Befehl an den
Königlichen Preussischen Gesandten in München,
den Grafen von Brühl, den 7ten August 1789.
erließ, weil die Zwischenzeit zum Druck meiner
oftberührten Vertheidigung nöthig gewesen war.

Friederich Wilhelm ꝛc.

" Unsrem ꝛc. Der ehemalige Hofmarschall des
„ verstorbenen Marggrafen von Brandenburg-
„ Schwedt Liebden, Freiherr von Nesselrode ist
„ von der Düsseldorfer Regierung wegen angebli-
„ cher Verfertigung einer falschen Confirmation in
„ Untersuchung gezogen, und darauf von dem
„ Hofraths-Collegium durch ein Contumacialer-
„ kenntnis condemnirt worden, wie ihr dieses aus
„ einer gedrukten Vertheidigungsschrift, welche
„ derselbe euch zusenden wird, näher ersehen wer-
„ det; nach den vielen für seine Unschuld militi-
„ renden Umständen, scheinen seine Beschwerden
„ darüber sehr gegründet, und das ganze Ver-
„ fahren wider ihn partheyisch und leidenschaft-
„ lich zu seyn; Wir wollen ihm daher, als einem
„ vormaligen Diener unsres Hauses, die gebetene
„ Unterstützung zur Aufklärung der Sache ange-
„ deihen lassen, und befehlen euch in Gnaden,
„ euch bei dem Churpfälzischen Ministerium dahin
                                      „ bestens

„ besten zu verwenden, daß nach seinem anzu-
„ bringenden Gesuch die Acten von Düsseldorf a-
„ vocirt, und durch eine zu ernennende unpar-
„ theyische Commißion genau durchgesehen, und
„ mit seiner Vertheidigung verglichen werden mö-
„ gen, woraus sich alsdann das weitere zur gründ-
„ lichen und gerechten Aburtheilung der Sache
„ von selbst ergeben wird. Sind rc.

Berlin, den 7ten August 1789.

Den 21ten Januar 1790. erhielt der Königliche
Preußische außerordentliche Gesandte in München,
Herr Graf von Brühl, von dem Churpfälzischen
Ministerium die Antwort, daß zwar der Bericht
des Gülich- und Bergischen Geheimeraths in der
Neßelrode Hugenpoettischen Restitutionssache ein-
getroffen sey, dieser sich aber auf vordere Acten
beziehe, die noch nicht zur Stelle gebracht werden
könnten, und in nicht Erfindungsfall durch Ein-
forderung legaler Abschriften suppliret werden
müßten, wodurch dann die Einsicht und Prüfung
obigen Vorwurfs einige Zeit ausgesetzt bleiben
würde.

Den 23. Februar 1790 ließ ich ein näheres unterthänigstes Schreiben an Seiner Churfürstlichen
Durchlaucht durch oben genannten Herrn Gesandten eingeben, in welchem ich gegen die Benennung
meines Gesuchs, als Restitutionsgesuch, unterthänigst protestirte, und anzeigte, daß es nicht
auf Abschriften, sondern auf Originalacten ankäme, welche in Düsseldorf wären; diese bäte ich
nach Hof kommen, und mit meiner Vertheidigung
vergle-

vergleichen zu laffen, wodurch sich alsdann erst
ergeben würde, ob meine Sache einer Restitution
fähig wäre.

Den 29ten Merz 1796. erfolgte endlich folgen=
des : " Daß auf das von dem Königlichen Preuß=
„ sischen ausserordentlichen Gesandten, Herrn Gra=
„ fen von Brühl, eingegebenes Promemoria
„ Seiner Churfürstlichen Durchlaucht zu Pfalz
„ sich alsbald bewogen gefunden, die einschla=
„ gende Behörde über solches Begehren in ihrem
„ pflichtmäßigen Bericht zu hören, dieser auch
„ bald darauf, wiewohl nicht zu Gunsten des Im=
„ ploranten erfolgt ꝛc. Nichts destoweniger dürf=
„ ten Höchstgedacht Ihro Churfürstlichen Durch=
„ laucht in absonderer Rücksicht auf die eingetre=
„ tene Hochgefällige Verwendung Seiner Königli=
„ chen Majestät in Preussen sich äussersters an=
„ noch bewegen lassen ꝛc. aus Landesherrlicher
„ Machtsvollkommenheit die Restitution gegen die
„ in Contumaciam ergangene Urtheil in der Maaß
„ zu verfügen, daß der Implorant nach vorderer
„ Erkenntniß sich der Specialinquisition unterwer=
„ fe, und ihm des Endes ein Salvus Conductus
„ ertheilt werden solle ꝛc.

Hierzu brauchte es keine Königliche Unterstü=
ßung und auch keine Landesherrliche Machtsvoll=
kommenheit, denn dies war lediglich die Rechts=
wohlthat, die jedem Beschuldigten auf jedesma i=
ges Anmelden verstattet werden muß; und da dus
lediglich eine Folge des widrigen Berichts von d r
nemlichen Stelle war, gegen die ich mich in mei=
ner gedrukten Vertheidigung so sehr beschwerte,

dieß auch keine günstigere Gesinnungen wie vorhin
anzeigte, so könnte ich mich keineswegs damit begnügen; welches ich den 30. November 1790.
wiederum durch mehrgedachten Herrn Gesandten
mittels eines näheren unterthänigsten Schreiben an
Seiner Churfürstlichen Durchlaucht anzeigte, und
meine vorige Bitte wiederhohlte.

Hierauf erschien endlich das wohlthätige oftbe-
merkte Rescript vom 18ten December 1790. dessen Inhalt mir aber bis zu meiner Ankunft in Düsseldorf unbekannt blieb. Den 12ten May 1792.
erhielt ich folgendes von dem Königlichen Preussischen Kabinets-Ministerium :

"Seine Königliche Majestät von Preussen rc.
" Unser Allergnädigster Herr, lassen dem Schwedt-
" schen Hofmarschall, Baron von Nesselrode,
" nach gepflogener Communication zwischen dem
" Kabinets-Ministerio und Justiz-Departement,
" das Schreiben der Churfürstlichen Pfälzischen
" Geheimenräthe vom 13ten Merz 1792. in Ab-
" schrift zufertigen, mit der Anweisung auf den
" Fall, wenn er rechtliche Gründe zu haben ver-
" meinet, ein mehreres, als was ihm von Churpfäl-
" zischer Seite bereits bewilligt worden ist, zu ver-
" langen, solches dem Kabinets-Ministerio genau
" anzuzeigen, damit sein Gesuch in nähere Erwä-
" gung genommen, und darauf nach Befinden
" verfügt werden könne. Berlin, den 4ten May
" 1792.

" Auf Seiner Königlichen Majestät allergnä-
" digsten Specialbefehl.

Finckenstein. Schulenburg. Alvensleben.

Das

Das Schreiben des Churpfälzischen Ministe-
riums sagte ungefähr folgendes :

"Obschon meine vermeintliche Behelfe, die ich
,, in einem öffentlichen Abdruck zu legen mich un-
,, terstanden hätte, in unbefangener Vergleichung
,, deren Acten durchaus ungegründet, unrichtig,
,, falsch, die Richter beleidigend, und verläum-
,, dend schon wiederum befunden worden, so hätte
,, man doch verfügt, daß mir ein vollkommenes
,, freyes Geleit zur standhafter Verantwortung
,, und Vorbringung alles desjenigen, was ich im-
,, mer dazu vorträglich zu seyn glaubte, auf ein
,, ganzes Jahr verstattet werden sollte rc.

Das erste war natürlicher Weise durch den hier
Satz für Satz zergliederten Bericht veranlaßt worden, und wie weit dieser gegründet war, hat man
gesehen; wie weit mir nun das zweite verstattet
werden will, wird das folgende anzeigen.

Nach Düsseldorf war zugleich den 13. Merz
1792. der Befehl ergangen :

" Daß obgleich rc. die in Vertheidigungsschrift
,, vorgebrachte Behelfe zu Abwendung der be-
,, schlossenen Specialinquisition rc. für Actenwi-
,, drige Unterstellungen rc. befunden worden, so
,, haben wir jedennoch gnädigst beschlossen rc.
,, daß ihm (Nesselrode) überdem ein freies Ge-
,, leit zu seiner Verantwortung, und Beybrin-
,, gung, auch Ausführung alles dessen, was er
,, zur Defension immerhin vorträglich glaubt,
,, auf ein ganzes Jahr verstattet werde, auch in
,, Zukunft einzig und allein die Mitglieder Uns-
,, res Hofrathe, welche zu den Urtheilen vom

C

,, 10ten

29ten October 1779. und 6ten Julii 1780.
„ nicht mitgestimmt haben, der Beurtheilung
„ beysitzen sollen rc.

Dies ist die Antwort auf den vorgesehenen Bericht, und in diesem Rescript ist von der Fortsetzung der Specialinquisition keine Rede, wohl aber
daß jedennoch und überdem die fernere Defension, und was ich immer hierzu vortraglich glaubte, fortgesetzet werden sollte. Anstatt dessen erhielt ich in Berlin den 19ten April 1792. eine
Citation von Düsseldorf den 2ten April 1792.
wodurch ich unter verschiedenen Bedrohungen abgeladen wurde, auf die mir vorgetragen werdende
Inquisitional-Artickel zu antworten.

Hierauf antwortete ich den 21. April unterthänigst: „ Wie ich mit Verwunderung ersehen, daß
„ ich auf Inquisitional-Artickelen zu antworten
„ abgeladen wurde; da aber laut den Acten das
„ *Falsum* mir gewiß nicht im mindesten bewiesen
„ wäre, auch nie würde bewiesen werden können,
„ welches doch einigermassen einer Specialinqui-
„ sition vorgehen müste, und mein Hauptbeschwer
„ immer darin bestanden hätte, daß die Sache zu
„ einer Specialinquisition nicht geeignet sey, auch
„ glaubte ich, daß die gnädigste Willensmeynung
„ (laut vorbemerkten Rescripten) dahin gienge,
„ daß die Sache von Grund aus untersucht wer-
„ den, sollte, so bäte ich mir hierüber eine will-
„ fährige Erklärung zu ertheilen rc.

Ich wurde aber den 9ten Junii auf die vorige
Resolution verwiesen, und daß ich mich zur Specialinquisition zu sistiren hätte. Ehe ich aber diese

zweitere

zweitere Verbescheidung erhielt, war ich schon von
Berlin abgereist, und selbige wurde mir bey mei=
ner Ankunft in Düsseldorf den 26. Junii 1792.
zugestellt, wo man gar auf meine Ankunft nicht
vorbereitet war, und nicht einmal glauben wollte,
daß ich wirklich auf der Reise sey, auch gänzlich
zweifelte, daß ich mich jemals sistiren würde.

Ich meldete mich gleich, aber an statt zum
Werk zu schreiten, wurde erst nach Hof berichtet,
verschiedenes angefragt, und hauptsächlich der neue
Senat namentlich vorgeschlagen, wozu doch vom
13ten Merz an Zeit genug gewesen war; ein nicht
undeutliches Zeichen, daß man meine Sistirung
nicht vermuthete.

Ich benutzte diese Zwischenzeit, und nahm selbst
die mir verstattete Inspection der Kanzley=Acten,
verglich mit denselben meine Drukschrift und jene
Actenstücke, welche ich mir schon 1778. abschrift=
lich von der Kanzley hatte geben lassen, welche in
sämtlichen während der Untersuchung abgehaltenen
Protokollen und sonstigen wesentlichen Actenstücke,
worauf es bey der Hauptsache ankam, bestanden;
und worauf ich meine gedrukte Vertheidigung ge=
gründet hatte, welche auch die nemlichen Actenstü=
cke sind, so vorgehörtermassen dem Großkanzler in
Berlin, Freiherrn von Carmer Excellenz vorge=
legt worden sind. Alles fand ich gleichlautend,
ausser das wenige unbedeutende, was vorhin treu
und aufrichtig angezeigt worden ist. Um nun dem
Vorwurf, unvollständige Acten zu haben, nicht
mehr ausgesetzt zu seyn, ließ ich sämtliche mir
zur Einsicht mitgetheilte Acten von der Kanzley

abschrei=

abschreiben, dorten mit denjenigen, so ich 1778.
schon erhalten, zusammen heften, und von dem
Registrator als gleichlautend und richtig vidimiren,
auch von demselben jene Nummern namentlich bei
seiner Vidimation benennen, welche ich vorhin
schon hatte. Hierdurch kann nun der ganzen Welt
bewiesen werden, daß diejenigen Actenstücke, so
ich dem Herrn Großkanzler Excellenz in Berlin
vorgelegt habe, ächte Acten waren, die das We=
sentliche der ganzen Sache enthielten, und daß die=
jenigen Stücke, so ich nachher habe beyschreiben
lassen, zwar die Vollständigkeit der Acten verhin=
dern, aber keinen Einfluß auf den Ausspruch des
Herrn Großkanzlers Excellenz haben konnten.
Den 1. August 1792. kam ein Rescript an von
München den 12ten Julii, welches namentlich die
Rä=he benannte, so bei der Beurtheilung der Sa=
che beysitzen sollten. Dieses Rescript sagt unter
anderen:

" Da Nesselrode sich sistirt hat, als ist es an
„ dem, daß die Specialinquisition nunmehr in der
„ gesetzmäßigen Ordnung durch die zu ernennende
„ Kommissarien vorgenommen werde rc.

Ein Ausdruck dieses Rescripts wurde ausgelegt,
als wenn er die Weisung gäbe, daß die Instru=
ction der Sache der Beurtheilung des gesamten
hohen Dicasteriums unterworfen, und nur die Ab=
urtheilung und Entscheidung der Haupsache von
dem besonders ernannten Senat vorgenommen
werden sollte. So bald aber das vorherige Re=
script vom 13ten Merz 1792. hier mit in Erwä=
gung gezogen worden wäre, so hätte dieser Aus=
druck

druck nie so ausgelegt werden können, wie dann
auch auf mein deshalb eingelegtes Beschwer das
Rescript von Mannheim den 4ten November 1792
deutlich sagt :

" Wann wir an euch in der Nesselrodischen Sa=
„ che rescribiren, so sind darunter diejenige Rä=
„ the ꝛc., die in dem Rescript vom 12ten Julii
„ ausdrüklich benannt worden, verstanden, und
„ haben die übrige ꝛc. sich des Beysitzes und Stim=
„ mens zu enthalten ꝛc.

Inzwischen wurde durch dieses Misverständnis
damals ein Conclusum abgefaßt, welches bey voll=
ständigem Senat vermuthlich nicht abgefaßt wor=
den wäre, wovon ich das Beschwer noch nicht ha=
be heben können. Und dies ist, daß, unangese=
hen das Rescript sagt, durch die zu ernennende
Kommissarien, dennoch keine neue Kommissarien
ernennt werden sollten, auch daß nur ein Kom=
missar die Untersuchung führen, und daß dieser
der Hofrath Linden seyn sollte, und nachher Tit.
Pellmann nur correferiren solle; dies wurde nun
dem Hof berichtlich vorgeschlagen, und von dem=
selben durch das Rescript vom 20ten September
genehmigt, wodurch dann die Benennung des Hof=
raths Linden als einziger Kommissar dem Hof
gleichsam in den Mund gelegt ward, da doch,
wenn der benannte Senat vollständig gewesen wäre,
der zum Präsidenten dieses Senats namentlich be=
nannte Freiherr von Dort, (welcher, da es eben
Ferien waren, abwesend war, und von diesem
Rescript nichts erfuhr) ohne Bericht entweder die
vorigen Kommissarien bestättigt, oder vermuthlich

C 3

neue

neue würde ernannt haben, weil dieß lediglich das
Amt des Präsidenten ist, und im letzten Fall wür=
de ich jetzt nicht so viel Mühe haben, meine ge=
rechte Perhorrescenz durchzusetzen. Ein jeder un=
befangener Leser wird mir ohne Zweifel Beyfall ge=
ben, daß nach einer solchen obengehörten Zerglie=
de=ung des Berichts, der mein Impressum so un=
bewiesenermaſſen als Actenwidrig und unrichtig
schilderte, ich gewiß Gründe genug hatte, um
alles Zutrauen in solche Referenten zu verlieren,
und selbige zu perhorresciren; ich würde diese Per=
horrescenz auch damals bei dem Hofrathen von
Dort eingegeben haben, wenn ich hätte denken
können, daß ein solches Conclusum, während den
Ferien und in seiner Abwesenheit durch Räthe ab=
zufaſſen möglich gewesen wäre, für die ich sonst
alle mögliche Achtung habe, die aber zufolg des
Rescripts vom 13ten Merz 1792. in meiner Sache
illegal waren. Nicht wenig erstaunte ich darüber,
daß nun der Hof auf einmal in dem Rescript vom
12ten Julii die Fortsetzung der Specialinquisition
bestimmte, da derselbe doch vorhin, unangesehen
des Berichts, der die Gründe meines Drucks als
Actenwidrig und in Rechten nicht hinreichend hielt,
solche zu hintertreiben, jedennoch und überdem
befahl, zu meiner Verantwortung, Beybringung
und Ausführung alles deſſen, was ich zu meiner
Defension immerhin vorträglich glaubte, ein freies
Geleit zu verstatten. Ich konnte folglich nicht
anders als das äuſſerste Mistrauen gegen solche
Referenten faſſen, die mein Impreſſum als Acten=
widrig angaben, was ich Actenmäßig zu seyn ge=
sichert

ſichert war, und ohne Rückſicht auf die ſo gnädige
und gerechte Reſcripten zu nehmen, immer auf die
Specialinquiſition beharrten, obſchon die Acten
klar beweiſen, daß ſelbige auf irrige und unbewieſene
Muthmaſſungen erkannt worden war, und
endlich ein Reſcript, daß dieſe beſtimmte, vermuthlich
durch ihre Berichte befördert hatten: Ich
war alſo gezwungen den 6ten October 1792. eine
unterthänigſte Perhorrescenzklage mit dieſen Gründen
ad Manus einzuſchicken, mit der Bitte, den
gnädigſt benannten Senat gleich in Aktivität zu
ſetzen, meine Perhorrescenz anzuerkennen und einen
andern Kommiſſar zu ernennen, oder dieſe Ernennung
dem Præſidio aufzutragen. Zu mehrerer
Begründung meiner Perhorrescenz berief ich mich
auf einen ähnlichen Fall, der in der nemlichen Sache
1779. vorgefallen war, und dieſer iſt folgender
: Man hat vorhin geſehen, daß der Hof einſtens
den Tit. von Daniels zum Correferenten ernannte,
wenn kein beſonderer Auſtand obwalten
ſollte, und daß Tit. v. Beusdahl dieſen Anſtand
durch die Erinnerung erregte, daß der Freiherr
von Geyr den Tit. v. Daniels beſonders beym
Präſidium verbeten hätte, hierauf wurden dem
Tit. von Beusdahl die Acten zugeſtellt, um darüber
einen ordentlichen Vortrag zu machen, welcher
dem Hof berichtlich eingeſchikt wurde, und
hinten bei den Species facti wörtlich zu leſen iſt.
Der Hof nahm auf dieſen Bericht ſeine Benennung
zurück; wie wenig nun die Aehnlichkeit des Falles
und dasjenige, was damals als Recht für den
Tit. v. Geyr angenommen wurde, für mich dermalen

C 4   malen

malen auch als Recht anerkennt werden will, wird
die Folge zeigen. Hierbei kann ich nicht unbe-
merkt laſſen, daß der Freiherr von Geyr damals
ſchon das Certificat hatte, daß gegen ihn nichts
Beſchwerendes vorgekommen ſey, und nur referirt
werden ſollte, ob eine fernere Unterſuchung gegen
mich ſtatt habe; welches Recht war denn da im
Namen des v. Geyr einen Correferenten zu per-
horreſciren, da dieſer an dem zu machenden Urtheil gar nicht mehr betheiligt war? Den 8ten
October 1792. kam ich bei dem Hofraths Dicaſte-
rio mit einer unterthänigſten Proteſtation ein, gegen alles was in pleno in meiner Sache vorgenommen worden ſey, mit der Bitte, dies als nicht
geſchehen zu betrachten, und das ferner nöthige
bei dem ernannten Senat allein entſcheiden zu laſſen. Den 9ten October ſchikte ich noch eine unterthänigſte Bittſchrift ad Manus, berief mich auf
meine vorige vom 6ten in puncto perhorreſcen-
tiæ, und wiederhohlte nochmal, daß dem Reſcript
vom 18ten December 1790. kein Genügen gelei-
ſtet worden, indem keiner von den weſentlichen
Behelfen, die ich in meinem Impreſſum zur Ent-
ſchuldigung und Widerlegung deren gegen mich
aufgeworfenen Indicien ex Actis darin angeführt
hätte, unterſucht oder widerlegt worden wäre, und
dennoch würde mein Impreſſum blos Actenwidrige Erdichtungen ꝛc. genennt; ich bäte mithin einen
neuen Kommiſſar zu benennen, und die genaue
Befolgung des beſagten Reſcripts nochmal zu befehlen, und wenn wider mein Vermuthen ein
anderes Indicium eine nähere Aufklärung er-
                                          fordern

fordern schien, solche per responsiones ad certa
puncta von mir zu fordern. Den 22ten Oktobr.
kam ich bei dem Hofraths Dicasterio unterthänigst
ein, wie ich äusserlich vernommen, daß meine
unterthänigste Bittschrift, so ich den 9ten ad Manus eingeschikt hätte, mit einem gnädigsten Re=
script zurükgekommen sey; durch einen Zufall aber
wäre meine Bittschrift vom 6ten in puncto per-
horrescentiæ später als die vom 9ten, und ver=
muthlich schon nach der hierauf abgefaßten Ent=
schliessung nach Manheim gekommen, ich legte
selbige in Abschrift unterthänigst hier bei, in der fe=
sten Zuversicht, man würde dermalen auch für
mich als Recht gelten lassen, was damals gegen
mich festgesetzt worden wäre, nemlich daß auf Er=
inneren des Tit. von Beusdahl einer mündlich geschehen seyn sollender Angabe des wie vorgehört an
der Sache nicht mehr betheiligten Freiherrn von
Geyr, wie er kein Zutrauen auf den ernannten
Correferenten habe, damals referirt und ad Manus gegen diese Benennung berichtet worden sey;
mit wie viel mehreren Gründen glaubte ich bei der=
maliger Lage der Sache die nemliche Gerechtigkeit
hoffen zu können, und ich bate bei unvermutheten
Anstand Correspicientem in puncto gnädigst an=
zuordnen, und das eingelangte Rescript commu=
nicabel zu erkennen; das letzte wurde aber abge=
schlagen. Nachdem ich nun äusserlich vernahm,
daß man die Gleichheit des Falls in meiner Per=
horrescenz mit der des Tit. v. Daniels nicht aner=
kennen wollte, und dem Tit. Pellmann, als schon
benennter Correferent, diese Sache in puncto zu=

stellen

stellen wollte, kam ich den 23ten Oktober näher ein, "Wie ich wirklich geglaubt hätte zum wahren Ueberfluß Correſpicientem in puncto begehrt zu haben, indem ich mir vorgeſtellt hätte, daß Tit. Linden dieß ſelbſt würde nöthig gefunden haben; ob aber in einer ſolchen Lage die Sache von ſelbſten nicht gleich abzugeben, dem vorgegebenen Anbringen zum Referenten des Tit. von Daniels nicht gleich zu achten ſey, müſte ich unterthänigſt anheim ſtellen. Ich hätte den Tit. Pellmann in meiner Perhorreſcenzklage mit benennt, denn ſo lang mir nicht erlaubt wäre, eine legale Wiſſenſchaft davon zu haben, ob beide Referenten, oder nur einer von beiden mein Impreſſum bloß Actenwidrige Erdichtungen ꝛc. betitelt hätte, welches ich noch immer in allem weſentlichen Actenmäßig wahr zu ſeyn behauptete, ſo lang müſte ich beyde dafür anſehen, und folglich könnte dieſe Sache dem Tit. Pellmann rechtlich nicht zugeſtellt werden, welches doch geſchehen ſeyn ſoll.„ Den 30ten Oktober erhielt ich aus dem Hofrath eine Verbeſcheidung vom 22ten, daß Seiner Churfürſtlichen Durchlaucht auf meine unterm 9ten Oktober zum höchſten Hoflager eingegebene unterthänigſte Abberufung und die darin enthaltene Bitte, um an ſtatt der Specialinquiſition ad Reſponſiones ad certa puncta zugelaſſen zu werden, und über mein Impreſſum nach geſchehener Vergleichung deſſelben mit den Acten referiren zu laſſen, dahin gnädigſt zu beſchließen geruhet haben, daß dem Recht und der Ordnung ſtracker Lauf belaſſen werden ſollte, folglich es bei der mit völliger Erkennt-

nie

nis der Sache wider mich erkannten Specialin=
quisition platterdings sein Verbleib habe. Da
ich nun noch keine Antwort auf meine ad Manus
eingesandte Bittschrift vom 6ten Oktober, und die
darin enthaltene Perhorrescenzklage erhalten hatte,
so schikte ich ein Dupplicat derselben den 31ten nach
dem höchsten Hoflager, zeigte, dies gethan zu
haben, bei dem Hofrath den 5ten November un=
terthänigst an, und fügte diesem folgende Gründe
bey, um mehr als die Gleichheit des Falles und
der Gründe zwischen der ehemals angenommenen
Perhorrescenz von Seiten des von Geyr gegen Tit.
von Daniels und meiner jetzigen zu beweisen,
nemlich Tit. von Geyr hätte bei seiner nur münd=
lich geschehen seyn sollender Angabe eines Mistrauen
gegen Tit. von Daniels keine wesentliche und die=
jenige Gründe gar nicht haben können, die nach=
her zur Unterstützung seines Mistrauens angenom=
men worden wären, daß nemlich Tit. v. Daniels,
ohne in der Haupsache als Referent eingeschrieben
zu seyn, sich dennoch des Referirens hätte unter=
ziehen wollen, weil dies erst bei der durch die Gey=
rische Angabe veranlaßte Untersuchung sich erörtert
hätte; wo ich hingegen mein Mistrauen schriftlich
eingegeben, und darauf gegründet hätte, daß das
oftberührte Rescript vom 18ten December 1790.
von den Referenten nicht befolgt, ja sogar meine
Vertheidigung blos Actenwidrige Erdichtungen rc.
betitelt worden wäre, da ich doch selbige bei der
verstatteten Inspection in allem wesentlichen ganz
Actenmäßig befunden hätte, auch daß es sehr auf=
fallend wäre, wie ich so viele Mühe anwenden und

Gründe

Gründe hervorsuchen müste, um meine Perhor=
rescenz durchzusetzen, da doch eine mündlich ge=
schehen seyn sollende Angabe des von Geyr hinrei=
chend gewesen wäre, seine bezielende Perhorrescenz
gleichfals ex officio durchgesetzt zu sehen.

Den 5. Nov. sandte ich ebenmäßig eine nähere un=
terthänigste Bittschrift nach Hof ein, in welcher ich
anzeigte, daß das letzte gnädigste Rescript, welches
dem Recht und der Ordnung den stracken Lauf be=
lassen wollte, vermuthlich durch die Veranlassung
des von mir aus Gründen perhorrescirten Refe=
renten als eine abschlägliche Verbescheidung ange=
sehen und ich dem zufolg verbeschieden worden wä=
re, daß es folglich bei der erkannten Specialun=
tersuchung sein Verbleib hätte; daß alle Rechts=
gelehrten mir einstimmig erklärten, daß man mir
meine fernere Rechtfertigung um so weniger ver=
wehren, als das ergangene Urtheil zur Special=
untersuchung nie rechtskräftig werden könnte; ich
wiederholte mithin meine gerechte Perhorrescenz,
bate einen andern Kommissar zu ernennen, und
mich zur Wahrbehaltung meiner Drukschrift zu=
zulassen.

Das Rescript welches ich vorhin in Rücksicht
des Senats angeführt habe, enthält weiter nichts,
als daß es summarisch befiehlt, wie nach der Lan=
desverfassung, Rechten und Ordnungen unpar=
theyisch und pflichtmäßig verfahren werden sollte;
um nun meinerseits sicher zu seyn, daß mein Be=
gehren nicht gegen Landesverfassung ꝛc. streite,
habe ich folgende Facti Species entworfen und den
berühmtesten Rechtsgelehrten zur Entscheidung vor=
gelegt,

gelegt, die in folgenden Gutachten zu lesen sind, und welche ich den 18ten December 1792. mit der Bitte nach Hof unterthänigst eingeschikt habe, meine gerechte Perhorrescenz gnädigst zu genehmigen, und mich der Landesverfassung ꝛc. gemäß zum Beweis meiner Drukschrift, und was ich sonsten zu meiner Vertheidigung nöthig erachtete, zuzulassen.

Ich hatte zugleich den 12. December dem Gülich= und Bergischen Hofrath unterthän. angezeigt, daß ich die letzteren gnädigsten Rescripten nur als Dispositiva betrachten könnte, welche dem Dicasterium völlige Freiheit liessen, den Weg Rechtens zu befolgen, daß ich aber den, in der Entschliessung vom 22ten Oktober beigefügten Zusatz, wie es folglich bei der Specialuntersuchung sein Verbleib hätte, nicht darin fände; daß zwar dies sich aus den Rescripten vom 12ten Julii und 20ten September herleiten liesse, diese gnädigste Entscheidung aber auf den von dem hiesigen Hofrath nach Hof erstatteten Bericht, daß mein Impressum bloß Actenwidrige Erdichtungen ꝛc. enthielt, gegründet wäre, folglich wenn ich mein Anerbieten, meine Drukschrift Actenmäßig wahr zu behalten erfüllen könnte, besagter Bericht sowohl als die darauf gegründeten Rescripten zerfallen, und zu dem Rescript vom 18ten December 1790. zurükgegangen werden müste; ob nun meine Perhorrescenz gegründet sey, und ob mir der Weg, mein Impressum wahr zu behalten, jemals gesperrt werden könnte, hierüber hätte ich mir rechtliche Gutachten von den berühmtesten Rechtsgelehrten ertheilen

ertheilen laffen, und nach Hof mit Wiederhohlung
meines oftangeführten Begehrens unterthänigft
eingeschikt.

Facti Species.

Titius gerieth in eine Unterfuchung wegen einer
angeblichen Verfälfchung, und wurde per Re-
& Correlationem nach eingehohlten Scheffen
Gutachten zur Specialinquifition verurtheilt.

Titius, der abwefend war, bat um zwei Monath Ausftand, um fich mit einem freien Geleit
zu verfehen; dies wurde ihm abgefchlagen, und es
wurde ein Contumacialurtheil gegen ihn abgefaßt.

Endlich ließ Titius ein Impreffum verfertigen,
wodurch er Actenmäßig bewies, - (denn er hatte
alle Protocolla und wefentliche Actenftücke feines
Prozeffes abfchriftlich) daß das Urtheil zur Specialinquifition auf irrige und unbewiefene Verdachte und Vermuthungen gegründet fey.

Der Landesherr befahl hierauf, man follte dies
Impreffum mit den Acten vergleichen und nachfe-
hen, ob die darin angebrachte Gründe ad declinandam inquifitionem fpecialem retrodecre-
tam hinreichend wären oder nicht.

Hierauf wurde berichtet, daß das Impreffum
in blos Actenwidrigen Erdichtungen, Verdrehungen, Unwahrheiten und fchändlichen Lügen beftün-
de, und folglich von der decretirten Specialunter-
fuchung nicht abgegangen werden könnte.

Welches dann auch auf diefe Veranlaffung von
dem Landesherrn beftätigt wurde.

                                        Titius

Titius sistirte sich, erhielt und nahm selbst in-
spectionem actorum, verglich mit diesen sein
Impressum, und fand dies in omnibus essentialibus den Original-Acten conform.

Dies zeigte Titius supplicando bei dem Landesherrn an, bemerkte zugleich, wie es folglich
unmöglich sey, daß sein Impressum in omnibus
& singulis, besonders in essentialibus mit den
Acten verglichen worden wäre, weil es sonsten die
ihm beigelegte Beyennung nicht hätte verdienen
können; glaubte hieraus ein gegründetes Mistrauen
gegen solche Referenten hegen zu können, welche
auf solche Weise die ihm durch vorgedachten Befehl des Landesherrn geöfnete Bahn sich zu rechtfertigen, versperren oder nur beschwerlich machen
wollten; bat also neuerdings eine pünktliche Zergliederung seines Impressi und was er sonsten zu
seiner Vertheidigung noch beibringen könnte, zu
befehlen, hierzu andere Referenten anzuordnen,
und wenn wider Vermuthen noch ein oder anderes
Judicium näher aufgeklärt werden müste, solches
per responsiones ad certa puncta von ihm zu
fordern.

Um seine Perhorrescenzklage einigermaßen zu
unterstützen, bewies er ein ähnliches Actenmäßiges Præjudicium, wo hauptsächlich wegen be-
zeigten, noch darzu keineswegs bescheinigten Mistrauen eines Supplicanten der Referens abgeän-
dert worden war, wie umständlich aus der Neben-
lage zu ersehen.

Der Landesherr remittirte alles an die Behörde,
und begnügte sich dispositive zu befehlen, "daß

in diesem Unterfuchungsgeschäft nach der Landesverfassung, Rechten und Ordnungen unpartheyisch
und pflichtmäßig verfahren werden sollte.„

Titius glaubt nun behaupten zu können, daß
das Urtheil ad inquisitionem specialem nie
rechtskräftig werden könne, weil in criminalibus
nie ein Urtheil contra reum die Rechtskraft erhält, und hier nicht eingewendet werden kann,
daß dies Urtheil nur ad instructionem causæ gegeben, und nicht definitif sey, folglich wohl rechtskräftig werden könnte; sondern erwogen werden
muß, daß dies Urtheil, obschon selbst nicht definitif, dennoch einigermaffen definitivam in ven-
tre hat, auch wegen seiner mit sich führenden Beschimpfung einigermaffen gravans oder beschwerend
ist, diese Beschimpfung aber nicht anders als
durch gegründete Verdachte verdient werden kann,
und daß dies eben das Thema probandum sey,
da Titius durch sein Actenmäßiges Impressum zu
beweisen sich anbietet, daß nichts gegen ihn bewiesen ist, folglich dies Urtheil allerdings unter
jene gerechnet werden muffe, welche contra reum
nie in rem judicatam übergehen können.

Hieraus entstehen nun drei Rechtsfragen. Er-
stens, ob es nicht der Landesverfassung, Rechten
und Ordnungen gemäß sey, daß Titius zu ferneren Rechtfertigung und Wahrbehaltung seines Im-
preffi zugelaffen werden müffe, ehe gegen ihn mit
der Specialinquisition verfahren werden könne.

2tens, ob Referenten, die ihm dies Hülfsmittel durch ihre Relationen verhindert, oder beschwerlich gemacht haben, da es ihm doch durch
vor-

gedachten Landesherrlichen Befehl schon zugedacht war, nicht rechtlich perhorrescirt werden können.

3tens, ob es gegen die Landesverfassung, Rechten nnd Ordnungen streite, wenn ihm gnädigst verstattet würde, fals wider Vermuthen noch ein oder anderer Punkt dunkel bliebe, solchen per responsiones ad certa puncta aufzuklären.

Unterthänigster Antrag ad clementissimum de 27. April. nuperi ad causam Fisci contra Freiherrn von Hugenpoett, abgelesen & ref. den 19. May 1779. Cum acclusione copiæ dieses Antrags fiat Bericht ad Serenissimum mit dem Bemerken: daß man aus einvermeldten Bewegursachen den Hofrathen Daniels zum Correferenten nicht anordnen könnte, jedoch einen andern ex gremio zu ernennen nicht entstehen würde 2c.

Durchlauchtigster 2c. 2c.

Zur Sachen Fisci wider den Tit. Freiherrn von Hugenpoett und übrige Mitbeschuldigte, wegen des so ruchtbaren Falsi, hat ersterer vermits einer zu Ihro Churfürstlichen Durchlaucht höchsten Händen eingereichter Bittschrift, in dieser seiner Ehr, Reputation und Glück so nachtheiliger Sache um gnädigste Anordnung eines Correferenten angerufen, und in Rücksicht dessen, daß der bereits angeordnete Referens Höchstdero Geheimrath Kannengiesser von wegen zu befahren seyn sollenden Rangstreits der Beurtheilung nicht beitreten mögte, dazu einen aus Mittel deren Räthen des dasigen

D   hiesigen

hiesigen Hofraths Dicasterii, und ins besonders
den Hofrath Daniels, als welcher diese Sache bis
dahin unter Händen gehabt, und die vor und
nach nöthige Anträge gefertiget, zu desto geschwin=
derer Abhülfe und gründlicher der Sachen Ermäßi=
gung unterthänigst in Vorschlag gebracht.

Ihro Churfürstl. Durchlaucht befehlen hierauf
per clementissimum de 27. April. ablitten,
zu dem hierin bereits ernannten Referenten den be=
gehrten Tit. Daniels, falls hierbey kein sonstiger
Anstand obwaltete, als Correferenten anzuordnen.

Nach bey dieser höchsten Stelle geschehener Ver=
lesung solch gnädigsten Rescripts, und der ange=
fügter Bittschrift ist von mir zum Protokoll un=
terthänigst erinnert worden, von Tit. Präsidenten
Freiherrn von Bentinck mir aufgetragen worden
zu seyn, einem hohen Consilio vorzustellen, daß
Tit. Hofrath Daniels von dem Tit. Freiherrn von
Geyr zu dieser Sache besonders perhorrescirt wor=
den sey.

Worauf das Conclusum Dicasteriale dahin
ertheilet worden, daß Acta von Tit. Referenten
abzufordern und mir zuzustellen, um wegen des
vor= oder nicht vorseyenden Anstands ad Dicasterium in meinem Antrag mich gutachtlich verneh=
men zu lassen.

Zu unterthänigster dessen Befolgung solle dem=
nach bemerken, nach der bey einem hohen Reichs=
Kammergericht wohl hergebrachter Gewohnheit
an= und für sich allein zuzulangen, wann einer
deren streitenden Theilen aus, zu einem Assessoren
insbesonders setzenden Mistrauen, dessen Person
suspectiret,

füspectiret, daß dieser sodann zum referiren nicht zugelassen werde.

Nun ist zwarn in substrato de causa partium keine Frage, es ist dahier auch nichts sicheres bestimmt, wie es in solchem Fall zu halten seye.

Allein in Betref des erstern will untergebentlich doch der Freiherr von Hugenpoett den Freiherrn von Gehr, und letzterer jenen wegen des qs. falsi beschuldigen, und dahero trift identitas rationis hierüber ein, und wegen des zweitern tritt dennoch die Billigkeit ein, daß bey ohnehin vorhandener so starker Anzahl anderer Räthen dem suspectirenden Theil gerad nicht derjenige zum re= oder correferiren aufzulasten, zu welchem derselb all Zutrauen abgelegt hat.

Kommt diesem hinzu, daß Bezeug deren Acten, und des Einschreibungsblatts der Hofrath Daniels blos zur Sachen Fisci contra von Hugenpoett ihme eingehändigte mit keinem præsentato versehene so rubricirte Anzeige ad Regiftraturam exhibirter Verthätigung mit Bitt pro clementissime demandanda distributione actorum sich folgends im Antrag habe vernehmen lassen, wann acta cum exculpatione würklich in Regiftratura obhanden, so wären selbige sofort mir oder Tit. Fisco zuzustellen, worunter von Tit. Präsidenten Freiherrn von Bentinck sich bemerket befindet, daß ihme solche Anzeig von Hofrathen Daniels zugeschicket worden seye;

So will aus diesem Vorgang sich ergeben, daß Hofrath Daniels in dieser Sache, als viel solche den Freiherrn von Hugenpoett betrift, ohne Ein-

D 2   schreibung

schreibung des Respicienten sich würklich angemaß=
set, und des referirens anscheinlich habe unterzie=
hen wollen; wodurch also die abseiten von Geyr
wider erstgedachten Hofrathen Daniels eingelegte
Perhorrescenz ein stärkeres Gewicht erhaltet, und
dahero gegen denselben wegen des Correferirens
sonderbar in dieser in publico und denen benach=
barten Landen so viel Aufsehen erweckender Sache,
meines ohnmaßgebigen Ermessens kein geringer
Anstand obwaltet.

Mit Anheimstellung, ob diese der Sachen Vor=
liegenheit Sereniſſimo ad clementiſſimum de
27. April nup. unterthänigst berichtlich vorge=
stellet werden wolle, mit der Nebenerinnerung,
daß sonst keine gnädigste Rücksicht verdiene, ob
sollte der ernannter Referens der Beurtheilung
nicht beytreten mögen, maſſen dieser ohne gering=
ster Befahrung eines Rang=Conflictus, wie in
ähnlichen Fällen öfters geschehen, in diesem so
wichtigen Inquisitionsgeschäft zur Beurtheilung
zugezogen werden sollte.

S. M. Eys gnt. Beusdahl.

Rechtsgutachten.

Die Gülich= und Bergische Landrechten wie auch
der Inquisitions=Receß vom Jahr 1695. statuiren
über die Frage, ob in criminalibus ein Urtheil
in Rechtskraft übergehe, nichts besonderes, mithin
muß auf das jus commune zurükgegangen werden.

Dieses entscheidet nach Behauptung der bewehr=
testen Rechtslehrer, vid. Böhmer disp. de sen-
tentia

tentia in rem judicatam non tranſeunte. Gil-
haus Arbitr. c. cap. 8. §. 1 n. 37. Stryk
diſp. de obligatione rei judicatæ C. 1. §. 27.
zum Vortheil des Titii ſo apodictiſch, ſo noto＝
riſch, daß es desfalls keines weiteren Deducirens
bedarf.

Ebenfals iſt es ganz unwiderſprechlich, daß al＊
les dasjenige, was in ſothanen Rechten de ſen＊
tentia criminali in judicatum non tranſeunte
überhaupts geſagt wird, auch insbeſondere von
einer den Angeſchuldigten zur Specialinquiſition
verdammenden Urtheil gelten müſſe.

Reſp. I. Und ſolcher geſtalten beantwortet ſich
die erſte Frage dahin, daß dem wegen ver＝
weigertem Geleit bisher auſſer Vertheidigungs＝
ſtand geweſenen Titio ſeine pro avertenda
ſpeciali inquiſitione nochmals erwählte
Rechtfertigungsmittel, ohne contra jus in
theſi anzuſtoſſen, nicht abgeſtrickt werden
können.

Die zweite Frage entſcheidet ſich gröſtentheils
aus der Geſchichte; nemlich der Titius wurde wäh＝
rend ſeiner Abweſenheit der weſentlichſten Acten＝
ſtücken, vielleicht wohl gar auch der ſämtlichen
den reſpective Gerichtshöfen vorgebrachten Ent＝
ſcheidungsgründen, (welche in andern groſſen
Staaten der Urtheil beigefügt, dahier aber dem
Verurtheilten nicht bekannt gemacht zu werden
pflegen) habhaft. Er glaubte darin die Beſtäti＝
gung der alten Wahrheit zu finden, daß alle Men＝
ſchen fehlen können, und daß das ihn der Specialinquiſition pflichtig erkennende Urtheil auf irrige

Verdach＝

Verdachten und Vermuthungen gegründet ſey.

Derſelbe wählte während ſeiner Abweſenheit (welche ein ihm abgeſchlagenes ſicheres Geleit nothwendig machte) den Weg der öffentlichen Vertheidigung durch ein in Publico ausgetheiltes Impreſſum, und dieſes erwirkte nicht allein ein ſicheres Geleit, ſondern auch eine Landesherrliche Verordnung zur ferneren Unterſuchung, ob das Impreſſum den Acten conform, ob die darin angebrachte Gründe ad declinandam inquiſitionem ſpecialem hinreichend ſeyen oder nicht, und dadurch fiele jenes Urtheil ſo als ob es nie vorhanden geweſen wäre, gänzlich weg.

Titius muſte, mit Ausſchlieſſung dererjenigen, die ihn zur Specialinquiſition verurtheilt hatten, pro avertenda illa de novo gehört werden. Derſelbe muſte erwarten, daß die Prüfung ſeines Impreſſi, die Gegeneinanderhaltung deſſelben mit den Acten, kurz alles was er um der Specialinquiſition auszuweichen noch vorzubringen hat, neuerdings vorgebracht werde, und dieſes alles konnte weder ein mit gänzlicher Beſeitigung des audiatur & altera pars erſtatteten Vortrag ad Dicaſterium weder ein ad Sereniſſimum erſtatteter Bericht, daß das Impreſſum in Erdichtungen und ſchändlichen Lügen beſtehe, unmöglich gut machen. Zudem läßt dieſer vom Titio ſo zuverläßig angegebene Geſchichtsumſtand vermuthen, daß derſelbe auch dieſer Relations-Erſtattung ſich habhaft zu machen gewußt; iſt dem alſo? iſt Titius dadurch zur buchſtäblichen Gewißheit gekommen, das dieſes votum Referentis ſein Impreſſum

fum mit Unrecht eines lügenhaften Inhalts be=
züchtige; so darf er es grad aussagen, denn da
wo Ehre und Leben eines Mannes von Stande
Hand in Hand gehen, sind demselben alle mögli=
che, mithin gewiß auch die, blos gegen eine ob-
servantiam curiæ anstoßende Rettungsmittel er=
laubt. Ist, sage ich, diese buchstäbliche oder phy=
siche Ueberzeugung vorhanden, wird die perhorre=
scirliche Ausschließung jenes Referenten ganz unbe=
denklich subintriren müssen. Aber dahier, wo kei=
ne causa partium vorhanden, wo kein widerspre=
chender Gegentheil existirt, welcher den einmal er=
laßenen Spruch aufrecht erhalten will, bedarf es
eines dergleichen extremi, wie die Perhorrescenz=
klage darbietet, nicht. Die tägliche Erfahrung
bringt es ja mit sich, daß bei Beurtheilung min-
der wichtigen Fällen ein interessirter Theil sich den
ein oder andern deren Herren Räthen als Refe=
renten bei dem hohen Præsidio zu verbitten pfle=
ge, Hochdaßelbe auch darauf Rücksicht zu nehmen
wohl nie unterlaße. Es ist ausgemachten Rech=
tens quod defensio rei plus sit amplianda quam
restringenda, und das Richteramt muß selbst da=
für sorgen, daß dem Angeschuldigten zu seiner Ver=
theidigung kein Hinderniß in den Weg gelegt werde.
Aber auch hier ist durch das der Geschichte ange=
fügte Præjudicium aller Anstand schon gehoben.
Resp. 2. Dies bürgt dafür, daß bei der ge=
ringsten Beanständigung über die Legalität
eines Referenten die Surrogation eines andern
ganz unbedenklich sey, und da wird es heis=
sen, was dem einen Recht ist, darf dem an=
dern nicht Unrecht seyn. D 4

Diesemnach ergiebt sich die Beantwortung der
dritten Frage von selbsten, dann testibus præ-
missis festgesetzt, daß die Platzgreiflichkeit der
Specialinquisition noch nicht entschieden sey, folgt
es unstreitig, daß dem Titio noch immer frey ste-
he pro avertenda speciali inquisitione alle zwek-
mäßige Hülfsmittel zu ergreifen. Nach Vorschrift der Criminal-Rechten soll das Richteramt
den Angeklagten nicht überfallen, nicht überschnel-
len, sondern mit der äussersten Präcaution zu Werk
gehen, mithin durch eigene Ueberzeugung zur Verurtheilung führen. Das Richteramt soll auf fis-
calisches Anrufen nicht allein zur Genugthuung des
Publici und der Gesetzen inquiriren, sondern zugleich auch den nicht überzeugten gesetzmäßig zu
retten suchen, und dieses kann nicht besser geschehen, als wenn allen möglichen Aufklärungen völliger Raum gegeben wird; Titius erbietet sich solche unter andern auch per responsiones ad certa
puncta beyzubringen.

Resp. 3. Und der Zusammenhang der Sache
mit jenen Rechtsbegriffen verpaart, hinter-
läßt die rechtliche Veranlassung, diesen Ver-
such nicht zu übergehen, sondern im Weige-
rungsfall des ein und andern der Recours
ad superiorem mediante querela dene-
gatæ justitiæ zu ergreifen.

J. S. M. Küpfer.

Unvorgreifliche Meynung.

Ad 1. Da Titius nach eingeholtem Gutach=
ten eines Scheffenstuhls zur Specialinquisition
verurtheilt worden, so ist ihm die sogenannte Defensio pro avertenda inquisitione speciali ohne
Zweifel schon vorher gestattet worden, mithin
nunmehr die Frage, ob selbige ihm dermal, da
bereits durch Urtheil und Recht auf die Special=
inquisition, oder daß er auf die Inquisitional=
Artickelen antworten soll, erkannt worden ist,
nochmal von neuem zu gestatten sey? Samuel
Frid. Böhmer in Element. jurisprud. crimin.
P. I. §. 169. schreibt zwar, quod ulterior defensio pro avertenda inquisitione speciali dif-
ficulter indulgeatur, er schließt sie jedoch nicht
ganz aus, wohingegen Brunnemann de Proceß.
inquisit. C. 8. n. 17. die Frage, si inquisitus
jam antea ad deductionem innocentiæ admis-
sus nil probaverit, & denuo se offerat ad probandum innocentiam an audiri debeat? schlech=
terdings mit dem Zusatz bejahet, modo inquisitus novam causam vel fundamentum novum,
quod speciem aliquam veritatis vel probabi-
litatis habeat, alleget, nam eo casu non tan-
tum secunda, sed & tertia vel quarta vice
admittendus esset; gemeldter Rechtslehrer han=
delt zwar hauptsächlich de defensione pro avertenda tortura, folglich von dem Fall, wo die
Specialinquisition bereits den Anfang genommen
hat, oder gar vollendet ist, da gleichwol unter=
gebens kein delictum ad torturam qualificatum,

D 5

wenn

wenn ſelbige auch nicht abgeſtellt wår, vorhanden
iſt, und die Specialinquiſition levis notæ ma-
culam mit ſich fůhrt, mithin einer Perſon von
aus nemlichem Stande ſolche beſtens abzuwenden,
und die Ehre zu retten hôchſt angelegen ſeyn muß; •
ſo bin ich der unzielſetzlicher Meynung, daß der
nemliche Favor, welchen Brunnem. und andere
Rechtslehrér der Defenſion pro avertenda tortura beilegen, ob paritatem rationis auch der
Defenſion pro avertenda inquiſitione ſpeciali
beizulegen ſey, gleich dann auch Leyſ. Spec. 562.
med. 30. dafůr hålt, daß die Wichtigkeit und der
Favor dieſer dilatoriſchen Defenſion faſt eben ſo
groß als der Hauptdefenſion ſey, ſohin da eine
ſententia criminalis condemnatoria, als lang
ſie nicht vollzogen iſt, nie in Rechtskraft über-
geht, ſondern zu aller und jeder Zeit und ohne Beobachtung einiger Nothfriſt impugnirt werden
mag (Böhmer cit. P. 1. §. 293.) ſo glaube ich,
daß das nemliche von einem Urtheil, worin auf
die Specialinquiſition erkennt wird, ob honoris
& famæ, quod parit præjudicium um ſo un-
bedenklicher ſtatt finde, als aus dem 155ten Ar-
tickel der Carolinæ gewiß iſt, daß ſogar derjenige, der bereits in die Mordacht oder Vogelfrey
erklårt worden, nicht deſto weniger, wenn man
ſeiner habhaft wůrde, und er ſeine Unſchuld aus-
zufůhren ſich erbôte, zu ſolcher Ausfůhrung noch
zugelaſſen werden ſoll.

Ad 2. Wenn dem Titius, wie ich unmasgeb-
lich dafůr halten ſollte, zu Abwendung der Specialinquiſition noch eine fernere Vertheidigung ge-
·wåhret

gewähret wird, wes Endes er vermuthlich auf
das nähere Landesherrliche Rescript, daß nach der
Landesverfassung, Rechten und Ordnungen un=
partheyisch und pflichtmäßig verfahren werden soll,
um die Gestattung eines Correferenten, der sein
mir unbekanntes Impressum nochmal mit den Ac=
ten zu vergleichen hätte, angerufen haben wird;
so glaube ich, daß der bisherige Referent alsdann
nicht einst perhorrescirt zu werden bedürfe, son=
dern ohnehin ein anderer werde surrogirt werden.

Ad 3. Ist juxta Böhmer P. 1. §. 177. die
responsio ad certa puncta ebenfals eine Species
declinandæ inquisitionis; wenn also dem Titius
in genere eine abermalige Vertheidigung pro a-
vertenda inquisitione speciali zugestanden wird,
so ist auch jene Species darunter begriffen.

assentio   Ich trete diesem S. M. SCHKAMM.
W. HARDT.   Rechtsgutach=
            ten gänzlich bei
            VETTER.

Rechtsgutachten auf die erste Frage.

Ist Titius zufolg zugestellter Species facti,
nachdem selbiger bei der wider ihn wegen angebli=
cher Verfälschung angehobener Untersuchung zur
Specialinquisition condemnirt worden, abwesend
gewesen, und ist ihm der gebetene zwei monathli=
che

che Ausstand, um sich mit einem freyen Geleit zu
versehen, abgeschlagen worden, vermeint aber in
seinem Impresso bewiesen zu haben, daß das Ur=
theil zur Specialinquisition auf irrige und unbe=
wiesene Verdachte und Vermuthungen gegründet
sey, so kann es hiesiger Landesverfassung, Rech=
ten und Ordnungen gar nicht für zuwider gehal=
ten werden, wenn dem Titius, besonders in Rück=
sicht seines Standes, annoch eine novæ audien-
tia verstattet, somit selbiger zu fernerer Rechtfer=
tigung und Wahrbehaltung seines Impressü gün=
stig zugelassen würde. Da es dem gemeinen Wes=
sen daran gelegen, nicht nur daß die Verbrechen
nicht ungeahndet bleiben, sondern auch daß die
Unschuld nicht unterdrückt, auch daß diese sine læ-
sione & longa inquisitionis mora aufgedeckt
werde, damit auch das Richteramt für letzteres,
sowohl als ersteres bekümmert seyn muß, ja da
die Abwendungsbeschützung noch mehrere Begün=
stigung verdient wie die Hauptvertheidigung. Et
quidem huc pertinet Defensio pro avertenda
inquisitione speciali, quia criminis reus le-
gitima deductione, instar exceptionis, litis
ingressum impedientis docet innocentem se
esse inquisitionemque in præsenti casu adver-
sus se locum habere non posse, ita vero eun-
dem, imo multo majorem favorem habere
debet, quam defensio principalis. Böhmer ad
jus crim. Sect. I. Cap. 9. §. 155. So ist nicht
abzusehen, warum dem sich ferner rechtfertigen
wollenden Titius die Rechtsbahn verschlossen ge=
halten werden solle, die doch der gnädigste Lan=
desfürst

desfürst ihm zu Außführung seiner Unschuld zu
eröffnen gnädigst geruhet hat.   Wird in Erwä=
gung gezogen, daß die Specialinquisition die nach=
theiligste Folgen nach sich ziehe, wäre es äusserst
hart, wenn dem sich sistirenden Inculpaten zu
Rettung seiner über alles gehender Ehre nicht alle
mögliche Mittel vom Richter, welcher ohnehin
eher zur Losssprechung als zur Verdammung ge=
neigter seyn muß, vergönnet würden, besonders
wo untergebentlich dazu kommt, daß dem Titius
der nachgesuchte zweimonathliche Ausstand mit
Härte abgesprochen, auch in contumaciam wi=
der ihn geurtheilt worden.   Zwar ist Lynkerus
in Refl. 193. widriger Meynung, cum credat,
hanc defensionem non nisi moras facere, &
favore omni indignam esse, quum integrum
sit reo, peracta inquisitione ante definitivam
sententiam in defensione innocentiæ in der
Hauptdefension istis omnibus argumentis qui=
bus nunc judicium detractare vult, uti, en=
tia vero præter necessitatem non sunt multi=
plicanda.   Von menschlich Denkenden kann dieser
Satz aber nicht gebilligt werden, weßfals ich mich
auf den Leyser beziehe, wenn schon dieser zufolg
seines de odio deiensionis inscribirten specimi-
nis denen Defensionen nicht zu geneigt gewesen,
so verdammt er doch obige des Lynckeri Lehre.
Adlentirem his ego, si responsio ad articulos
inquisitionales perinde ut litis contestatio se
habeat, nulloque malo respondentem mactae=
ret, at postquam usus fori argumento aliquot legum innixus, reum ex responsione
ad

ad articulos notabili maculo adspergit, ab
honoribus arcet, & ab officii exercitio suspen-
dit, consequitur *inquisitionem saepe majus
malum esse, quam poenam, quae inquisito tan-
dem perasta inquisitione imponitur*, & ali-
quando intra mulctam pecuniariam aut car-
cerem aliquot dierum subsistit, qui ergo de
avertendo tanto detrimento laborat, *profecto
favorem meretur*, consentit Mevius in part.
6. dec. 253. optime Kressius in notis ad art.
Carol. 7. pag. 20. tot ait, deberet esse species
defensionum, quot gravaminum, sicut ergo
de justitia dafensionum contra torturam &
poenam ipsam nemo dubitat, ita ego defen-
siones contra *inquisitionem ipsam*, contra *car-
cerem*, contra *examen testium inhabilium*,
pro obtinendo salvo conducto, *pro mitiganda
poena merita*, justas esse puto, & admissas
fuisse recordor. Spec. 562. Medit. 32.

Hiergegen mag nicht eingewandt werden, daß
Titius nach eingehohltem Scheffen Gutachten zur
Specialinquisition wirklich verurtheilt sey, aner=
wogen jedem bewuſt, daß die in criminalibus
gefällt werdende Urtheile nach gemeiner Meynung
der Criminalisten in Rechtskräften nicht übergehen.
Ungereimt wäre es, dies auf das Haupt=Defini=
tifurtheil einschränken zu wollen, sondern es er=
fordert die Menschlichkeit, daß auch die übrige zu
Instruirung der Sache gehörige Urtheile, indem
durch diese der Weg zur Hauptbeurtheilung ge=
bahnt wird, absonderlich eine solche, wodurch die
Specialinquisition festgesetzt werden soll, wo mit=
hin

hin dem Inculpaten seine Ehre und guter Leumuth schon hart gekränket wird, als rechtskräftig nicht angesehen werden. Wenn sogar in civilibus, wo es nicht um Leib und Ehre geht, die Urtheile per restitutiones in integrum aus gerechten Gründen wieder reponirt werden, wie viel eher wird solches in criminalibus eintreffen müssen.

·Auf die zweite Frage. Dem Titius dörfte beschwerlich fallen, seine Referenten, unterm Vorwand, daß sie ihm das nachgesuchte Hülfsmittel durch ihre Relationen verhindert oder beschwerlich gemacht, zu perhorresciren, indem von diesen eher zu vermuthen, daß sie nach Pflicht und Einsicht gehandelt haben; gleichwie aber doch dem Inculpaten zu Ausführung seiner Unschuld keinerlei Mittel zu versagen, auch der Ruhm des Dicasteriums selbst zu erfordern scheint, daß dem Inculpaten allinger Anlaß, das künftige Urtheil einer Partheylichkeit beschuldigen zu können, so viel als möglich abgeschnitten werde, so dörfte er sich Hoffnung machen, daß der gnädigste Landesfürst auf näheres unterthänigstes Anrufen gegen Ausschwörung des Perhorrescenz-Eid, wie dieser in gemeinen Rechten vorgeschrieben, ihm einen andern Referenten gnädigst zu verstatten, sich bewegen lassen werde.

Auf die dritte Frage. Da vom Landesfürsten gnädigst befohlen worden, daß das Impressum mit den Acten verglichen und nachgesehen werden solle, ob die darin angebrachte Gründe zu Abwendung der schon erkannten Specialinquisition hinreichten, oder nicht, da folglich dem

Titius

64.

Titius ein neues Verhör schon wirklich verstattet
ist, so folgt von selbst, daß fals noch ein oder
anderes darin dunkel verblieb, solches durch sum=
marische Verhörung auf sichere Punkten aufge=
klärt werden könue, worin die Landesverfassung,
Recht und Ordnung keineswegs überschritten, son=
dern im Gegentheil allen Rechten gemäß, und mit
einiger Rücksicht des Personenstandes verfahren
wird.

ita M. S.

HENOUMONT, Prof.

Den 24ten December 1792. wurde ans dem
Hofrath an mich erlassen: "Daß Seiner Chur=
fürstlichen Durchlaucht meine wider den ernannten
Kommissar Hofrathen Linden eingelegte Perhor=
rescenz der Dicasterialerkentnis vermög Rescripts
vom 12ten November anheim gegeben; erwähnte
Perhorrescenz aber dahier als ungegründet und un=
statthaft, wie auch das mittels unterthänigsten
Anzeige vom 12ten laufenden Monaths eingelegte
auf bloße Stollung des Inquisitionsverfahren ab=
zielende Gesuch verworfen worden sey, ich mich
also ohne fernere Weigerung auf jedesmalige Ci=
tation des bemeldten zur Führung der Specialin=
quisition beauftragten Kommissars unter Strafe
der Einziehung des freyen Geleits zu sistiren habe.„

Worauf

Worauf ich den 31ten December beym Hofrath folgendermaſſen einkam, wie ich ja ſelbſt derjenige wäre, der durch ſehr oft wiederholtes, doch immer vergebliches Bitten beym höchſten Hoflager das dahier lang ſtill gelegene Unterſuchungsgeſchäft wieder in den Gang zu bringen geſucht hätte, bis dies endlich durch die allergnädigſte Unterſtützung meines Allergnädigſten Königs zuwege gebracht worden wäre; wie ich nun beſchuldigt werden könnte, als wenn ich den Fortgang dieſes Geſchäfts zu ſtollen ſuchte, ich wäre nach Düſſeldorf gekommen, um dieſe mich ſo äuſſerſt drückende Sache endlich einmal zu beendigen, nicht aber ungeduldig zuzuſehen, daß auf das alte Verfahren ein neues ähnliches eingeimpft werde. Meine gedrukte Vertheidigung ſollte blos Actenwidrige Erdichtungen ꝛc. enthalten, ich hätte mich mithin in allen Bittſchriften zum Beweis angeboten, daß ſolche in allem Weſentlichen Actenmäßig wahr ſey, dies müſte mir verſtattet werden, ehe man weiter gegen mich verfahren könnte, wenn man nicht contra jus in theſi anſtoſſen wollte, und einem jeden Unbefangenen fiel es in die Augen, daß dies nicht vor demjenigen Kommiſſar geſchehen könne, der ſchon einmal mein Inſpreſſum als Actenwidrig ausgegeben, und ſich ſelbſten vielleicht ſchuldig zu ſeyn glaubte, ſolches ferner zu beſchönigen; wollte man mir dies gnädigſt verſtatten, ſo könnte die Sache gleich ihren Anfang nehmen, ſonſten müſte ich propter denegatam juſtitiam weitere Hülfe ſuchen. Annebens forderte ich ehrfurchtsvoll den zum Präſidenten des Senats beꝛ

E   nennten

nennten Freiherrn von Dort andurch | auf, sich
selbst die genaue Kenntnis der Sache zu verschaf=
fen und mich nicht der gutachtlichen Willkühr ei=
nes mit Recht perhorrescirten Referenten ganz al=
lein zu überlassen, von dessen Perhorrescenz ich kei=
neswegs abzustehen gedächte, und welche ich durch
einen Perhorrescenz=Eid zu bekräftigen bereit wäre,
auch mögte der Freiherr von Dort nicht mehr zu=
geben, daß Entschliessungen in meiner Sache an=
derst als im vollständigen Senat abgefaßt würden,
weil ohne eine dergleichen diesen Sommer vorge=
nommene Entscheidung, meine jetzige Beschwer=
lichkeiten die so gerechte Perhorrescenz durchzuse=
tzen, vermuthlich nicht vorhanden wären.

Den 29ten Januar 1793. kam ich mit folgen=
der Bittschrift beym Hofrath ein:

Durchlauchtigster ic.

Die eigentliche Ursache, wodurch ich gezwun=
gen worden bin eine Perhorrescenzklage einzulegen,
die leider noch nicht durchgesetzt ist, von der ich
aber auf keinen Fall abstehen kann, rührt von
einem illegalen und irrigen Verfahren her, welches
ich Ew. Churfürstlichen Durchlaucht ex actis un=
terthänigst beweisen werde.

Das gnädigste Rescript vom 12ten Juli 1792.
wurde eigentlich unrecht ausgelegt, indem man
Höchstdenselben vortrug, daß dadurch die Instru=
ction meiner Sache dem ganzen Rath, und nur
die letzte Beurtheilung dem besonders benannten
Senat aufgetragen würde.

Diese Auslegung konnte aber nicht statt finden,
so bald das erste Rescript vom 13ten Merz 1792.

mit

mit in Erwägung, wie billig, gezogen worden
wäre, weil dieses schon bestimmt hatte, daß alle
diejenige Räthe, so den vorigen Beurtheilungen
beigesessen hätten, künftig in meiner Sache nicht
mehr beysitzen sollten, wodurch das etwa Zwei=
felhafte in dem folgenden Rescript vom 12ten Ju=
lii gänzlich gehoben war.

Wie dies auch nachgehends auf mein unterthä=
nigstes Beschwer durch das gnädigste Rescript vom
20ten September deutlich erklärt wird, daß alles
was in dieser Sache rescribirt würde, immer als
an die den 12ten Julii benannte Räthe rescribirt,
verstanden werden müsse, und die übrigen sich des
Sitzes und Stimmens enthalten sollten.

Ein klarer Beweis, daß der Hof nie gesinnt
war von seinem ersten Satz abzugehen, und daß
das Rescript vom 12ten Julii den Sinn nicht hat=
te, den der Referent ihm beylegte, der doch das
erste Rescript vom 13ten Merz zugleich dem Rath
hätte rückerinnerlich machen müssen, wo er dann
gewiß in diesem Satz keinen Beyfall würde gefun=
den haben; denn ich weiß daß ältere Räthe sehr
sonderbar gefunden haben, daß sie nun wieder mit=
stimmen sollten.

Die Entschliessungen, die also diesen Tag in
meiner Sache genommen wurden, waren ungül=
tig, weil sie von illegalen Räthen abgefaßt waren.

Sie waren auch irrig, weil das Consilium
sich mit etwas abgegeben, das seine Sache nicht
war.

Ich habe lang genug die Ehre gehabt, einem
Churfürstlichen Dicasterium vorzusitzen, um die

E 2 Pflichten

Pflichten und Vorrechten eines Präsidenten genau
zu kennen; unter den letzten gehört unstreitig das
Recht die Referenten und Kommissarien allein zu
benennen und anzuordnen; hiermit kann und darf
kein Consilium sich befangen.

Der Hauptgegenstand dieses Rescripts war neue
Kommissarien zu ernennen, indem deutlich darin
steht : Durch die zu ernennende Kommissarien.

Es war damals während den Ferien, und der
zum Präsidenten des Senats namentlich benennter
Freiherr von Dort war abwesend, mithin muste
dies Rescript entweder bis zu seiner Zurückkunft
liegen bleiben, oder ihm zugeschickt werden, indem es lediglich sein Amt war den ersten Satz dieses Rescripts zu erfüllen, ehe die anderen darin
enthaltene Aufträge statt haben konuten.

An statt dessen wurde in pleno beschlossen, daß
keine andern Kommissarien ernannt werden sollten,
daß deren nicht zwei, sondern nur einer, und daß
dieser Tit. Linden seyn sollte; dies wurde dem Hof
durch einen Bericht vorgeschlagen, und von Höchst-
demselben zwar genehmigt; jedoch wäre der Hof
ohne diesen Dicasterialvorschlag (der wie vorgehört
illegal und incompetent war) nie auf diesen Ge-
danken gekommen, indem durch mehrbesagtes Rescript dem Freiherrn von Dort schon die Benennung der neuen Kommissarien überlassen war.
Wäre diesem nun, wie gehörig, das Rescript zu-
gekommen, so würde derselbe hoffentlich eben so
viel Rücksicht auf mein leicht und gründlich zu be-
weisendes Mistrauen gegen den Referenten Tit.
Linden

Enden genommen haben, wie ehemals Tit. von
Beusdahl auf eine ähnliche, aber gewiß nicht so
wie die meinige zu bescheinigende, Angabe des
Freiherrn von Geyr gethan hat.

Dem Hof war ja auch bekannt, daß Tit. Linden und Pellmann Kommissarien waren, Höchst-
dieselben fanden also selbst für gut, daß neue angeordnet werden sollten, sonsten hätten sie dieses
zu erinneren nicht nöthig gehabt, und wahrschein-
lichermassen sind Höchstdieselbe nur durch den illegalen und incompetenten Vorschlag davon abge-
bracht worden.

Ich bin auch damals, gleich mit einer unterthänigsten Vorstellung vom 8ten Oktober 1792, eingekommen, worin ich gegen alles, was in plena
in meiner Sache vorgenommen wäre, feyerlichst
protestirt und gebeten habe, solches als nicht geschehen zu betrachten; diese unterthänigste Bitte
muß ich hier wiederhohlen, und Ew. Churfürstlichen Durchlaucht erlauben mir gnädigst den zum
Präsidenten des Senats ernennten Freiherrn von
Dort andurch ehrfurchtsvoll aufzufordern, sich
durch persönliche Einsicht der Acten, von dem Inhalt der erwähnten Rescripten, und dadurch von
der Wahrheit meiner gegenwärtigen Angabe zu
versichern, und diesemnächst durch einen Präsidial-
bericht diesen Umstand dem Hof anzuzeigen; ich
zweifle nicht, der Hof wird gewiß den, zwar
durch ein Misverständnis geschehenen Eingriff in
seine Präsidialrechte um so eher misbilligen und
gnädigst heben, als hierdurch das ganze Uebel,
worunter ich leide, und der Auffenthalt der Sache

E 3   ent-

entstanden ist; denn ich kann auf keinen Fall mich durch Tit. Linden beurtheilen lassen.

Wogegen ꝛc.

Dem äusserlichen Vernehmen nach soll der Hof wieder meine letzte Bittschrift samt den Gutachten der Rechtsgelehrten an den Hofrath nur mit dem Befehl zurückgeschikt haben, nach Recht und Ordnung zu verfahren: Ein solcher so oft wiederhohlter Befehl, soll wohl die gröste Unpartheylichkeit anzeigen. Wenn es Unpartheylichkeit ist, die Entscheidung dieser Sache nach so vielen Vorstellungen dennoch immer einem Dicasterium zu überlassen, worin, wie die vielmal eingelegte gegründete Perhorrescenzklage beweiset, ein befangener Referent alles leitet; und wenn es auch Unpartheylichkeit seyn soll, so kann auch diese, wenn sie in übertriebene Gleichgültigkeit ausartet, eben so viel Schaden wie die gröste Partheylichkeit verursachen, weil sie dieser alsbann nicht die gehörige Schranken setzet. Dem zufolg sollen nun auch die Referenten bei ihrer vorigen Meynung beharren; die Resolution hierüber habe ich noch nicht, ich werde aber noch schon Gelegenheit haben, solche dem Publicum mitzutheilen.

Wie nun diese Inquisition mit dem Verlust meines ganzen Vermögens zusammenhängt, wie der über meine Güther von Richters wegen mit dem grösten Unrecht angeordnete Concurs, der ohne die Inquisition nie hätte entstehen können, mich und meine Kinder zu Bettler macht, ehe noch bewiesen ist, ob ich jemals verdient hätte, in eine

solche

solche Inquisition gezogen zu werden, wird sich hoffentlich auch noch einstens aufklären.

Ich war nach Düsseldorf gereißt, um mein Impreſſum Actenmäßig wahr zu behalten, da ich nun zu dieſem Beweis nicht zugelaſſen, ſondern zur Specialinquiſition vor dem nemlichen Kommiſſar gezogen werden ſoll, der meine Druckſchrift als Actenwidrig ꝛc. angegeben hat, und meine auch in der Specialunterſuchung beizubringende Entſchuldigungsbeweiſe auf die nemliche Art behandeln könnte, ſo kann mir nicht zugemuthet werden, mich dieſem zu unterwerffen, was ich in einer andern Lage ohne Anſtand gethan haben würde; ich bin mithin wieder abgereißt, und muß den Zeitpunkt abwarten, bis man mich vor einer unpartheyiſchen Commißion zu dem ſo oft angebotenen Actenmäſſigen Beweiß zulaſſen wird, daß mein Impreſſum Actenmäßig richtig und wahr iſt, daß das Urtheil zur Specialunterſuchung auf irrige und unbewieſene Verdachte gegründet, folglich, da es doch nie in Rechtskraft übergehen kann, aufgehoben werden muß. Ich werde ſo bald wie möglich das Publicum von dem Inneren der Sache überzeugend unterrichten, damit es richtig darüber urtheilen könne.

Freiherr von Neſſelrode,
Preuſſiſcher Marggräflich = Schwedtſcher Hofmarſchall.

www.ingramcontent.com/pod-product-compliance
Lightning Source LLC
Chambersburg PA
CBHW020243090426
42735CB00010B/1813

9 783743 679115